続・京都戦国武将の寺をゆく

津田三郎著

SUNRISE

もくじ

戦国武将編

秀吉と利家編—ふたりの絆を追って—

側室・その他

戦国武将編

三好長慶と大徳寺聚光院

戦国時代を代表する三大英雄といえば織田信長・豊臣秀吉・徳川家康の名が挙げられている。ところが、信長が京に登場して来るまでの間、京を中心にして近畿一円を支配している武将がいた。阿波出身の三好長慶とその一族の者たちである。

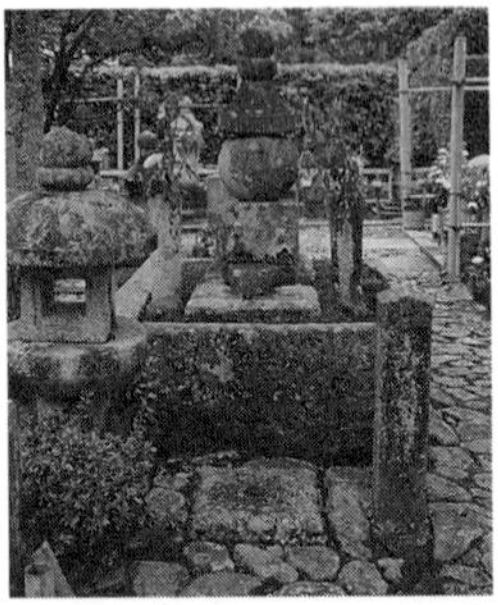

聚光院境内墓地に眠る三好長慶の墓。五輪塔の台石に仏像が浮き彫りされた趣のある墓塔。隣に豊臣秀吉に切腹を命ぜられたという千利休の墓が並んでいる

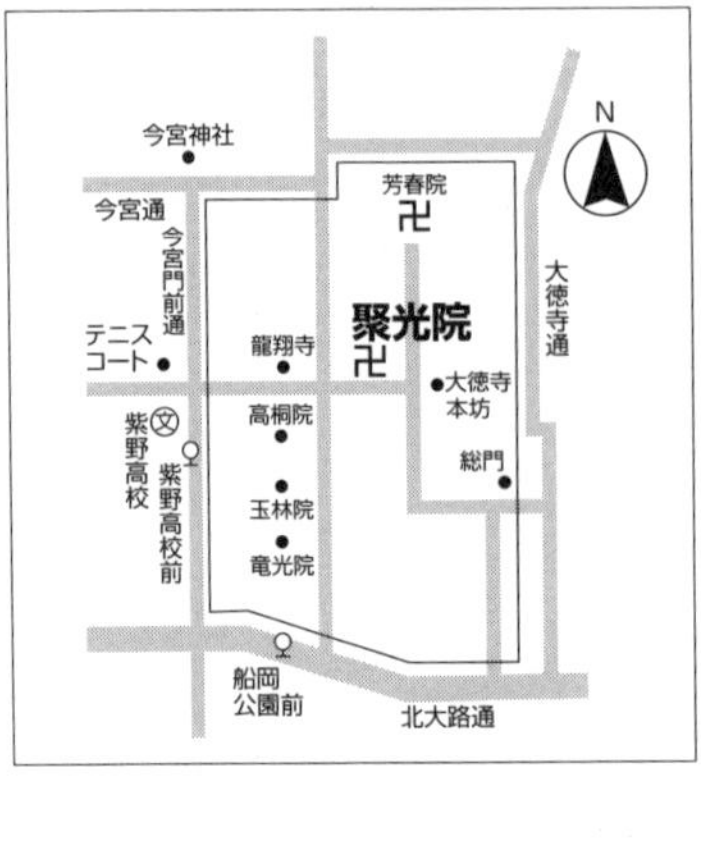

永禄９年三好義継が父長慶の菩提を弔い建立した聚光院の表門。本堂の襖絵は織田信長も絶賛した狩野永徳の大作

八坂の塔に揚がった幟

　天文二十二年（一五五三）といえば、織田信長は二十歳。織田家の家督を継いで二年目。身内の抗争に明け暮れていた。このとき豊臣秀吉は十七歳。いまだ信長に仕えず、浜松の松下加兵衛《かへえ》の許で奉公をしていたときである。

　この年の元日、京の東山に聳え立っている八坂の塔に朝から一本の旗幟《きし》がへんぽんと翻っていた。

　旗幟には青藍《せいらん》（鮮やかな藍色）の地に〈三階菱《さんがいびし》〉の紋所《もんどころ》と「理世安民《りせいあんみん》」（世を治め民を安らかにする）の文字が白く染め抜かれていた。

　京の町衆たちは、突如八坂の塔に揚がった旗幟の紋所を見て「これからは三好《みよし》はんの天下でおまんな」と、囁き合っていたという。

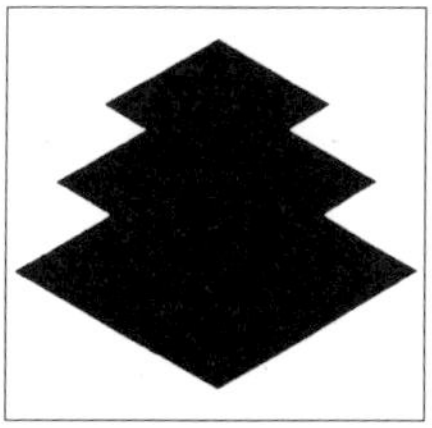

三好家の家紋三階菱

謀殺された父元長

応仁《おうにん》の乱《らん》が勃発《ぼっぱつ》(一四六七)して東軍細川勝元《かつもと》と西軍山名宗全《やまなそうぜん》が十年にわたって戦端《せんたん》を開いたとき、阿波《あわ》の守護職細川成之《しげゆき》は地元の三好之長《みよしゆきなが》を将とする三好一族を率いて阿波より上洛、東軍を勝利に導いていた。このときから阿波の細川家と三好一族は、室町幕府内の主導権を握っていった。

だが、それからというもの細川家は家督《かとく》相続をめぐって、家中の紛争に明け暮れていた。そこで大永《だいえい》七年(一五二七)、阿波の細川晴元《はるもと》は三好元長《もとなが》らに擁立《ようりつ》されて阿波より堺《さかい》に出撃、畿内を制圧して、細川家ばかりか幕府の実権までも握っていた。

ところが、五年後の天文《てんぶん》元年(一五三二)細川晴元は功労者の三好元長を疎《うと》ましく思って謀殺した。このとき残された元長の子三好長慶《ながよし》は十一歳であった。

天下人長慶の足跡

父を失った長慶はいったん阿波に逃れたあと、やがて阿波の軍兵を率いて京畿に進出、晴元の弱点を衝《つ》きながら、ときには晴元と和睦するなど、力を貯《たくわ》えて、天文十八年(一五四九)に晴元を倒し、天文二十一年(一五五二)には晴元に味方した十三代将軍足利義輝《よしてる》を京都より追放した。八坂の塔に旗幟が翻ったのは、その翌年の正月である。

長慶の勢力範囲は山城《やましろ》・摂津《せっつ》・河内《かわち》・和泉《いずみ》・大和《やまと》・丹波《たんば》・淡路《あわじ》・讃岐《さぬき》・阿波・播磨《はりま》に及んでいた。

それに長慶は文武両道を心掛けて連歌《れんが》を愛し、茶道に親しむ粋人《すいじん》でもあった。
だが、それから八年ほど経った永禄《えいろく》四年（一五六一）六角義賢《ろっかくよしかた》・畠山高政《はたけやまたかまさ》が突如叛旗《はんき》を翻して立ち向かって来た。戦いは長期化した。

その間に長慶は、病死した末弟十河一存《そごうかずまさ》に続いて、次弟の実休《じっきゅう》（義賢《よしかた》）を戦さで失い、永禄六年（一五六三）八月には嫡男《ちゃくなん》の義興《よしおき》が病死、同七年（一五六四）五月には家臣松永久秀《まつながひさひで》の讒言《ざんげん》を信じて弟安宅冬康《あたぎふゆやす》を誅殺《ちゅうさつ》してしまっていた。

とりわけ嫡男を失ってからは、長慶は嘆き悲しんで茫然自失《ぼうぜんじしつ》、食欲を失い、病床に伏すことが多くなった。

そして二カ月後の永禄七年七月四日、長慶は飯盛山城《いいもりやまじょう》（大阪府四條畷《しじょうなわて》市）で病没してしまったのである。四十三歳。

聚光院に眠る三好長慶

長慶は嫡男義興が没したとき、末弟十河一存の嫡子《ちゃくし》を嗣子《しし》に迎えている。〈三好義継《よしつぐ》〉である。
だが、長慶が没したとき、義継は十三歳の弱年であったために、重臣の三好三人衆（三好長《なが》逸《ゆき》・三好政康《まさやす》・石成友通《いわなりともみち》）と松永久秀《まつながひさひで》たちが協議、義継が元服するときまで喪《も》を秘すことになり、長慶の遺体は大甕《おおかめ》に納めて、そのまま塩漬けにされていた。

葬儀が行なわれたのは二年後の永禄九年（一五六六）六月二十四日、河内八尾《やお》の真観寺《しんかんじ》（大阪府八尾市）で、京の大徳寺から衆僧《しゅうそう》が出向いて盛大に行なわれている。

三好長慶の葬儀が営まれた河内八尾（現大阪府八尾市）の真観寺。大坂夏の陣で焼失するなどして寺容はすっかり変わっている

長慶はいま、葬儀が行なわれた八尾の真観寺と、弘《こう》治《じ》三年（一五五七）長慶が父元長を供養して開創した堺の南宗寺《なんしゅうじ》と京の大徳寺山内にある塔頭聚光院《じゅこういん》で眠っている。

聚光院は嗣子三好義継が長慶の菩提《ぼだい》を弔うために、永禄九年（一五六六）七月、大徳寺の笑嶺宗訢を開山に迎えて開創した寺で、墓塔は三好義継が父長慶を供養して河内若江《わかえ》城内（大阪府東大阪市若江）に建立していたものを引き移して来たもの。聚光院の名は長慶の法名〈聚光院殿前匠作眠室進公大禅定門〉による。

なお、三好義継は天正元年（一五七三）織田信長軍団の佐久間信盛《のぶもり》隊に攻め立てられて若江城で敗死。この結果、三好本家は断絶した。

松永久秀と本圀寺旧墓地

十四代将軍足利義輝《よしてる》を暗殺し、主家三好家を滅亡に追い込み、東大寺大仏殿を焼き払った〈下剋上《げこくじょう》時代〉の申し子松永弾正《だんじょう》久秀。織田信長に二度までも背《そむ》き、その都度名物茶器や名刀を献じて赦しを受けるも、最後は火薬を抱いて凄絶な死を遂げていた。

本圀寺の旧墓地「妙恵会総墓地」に眠る松永久秀とその子らの墓塔。碑の右側面に「天正五 丁丑《ひのとうし》 十月十日」と没年を刻む

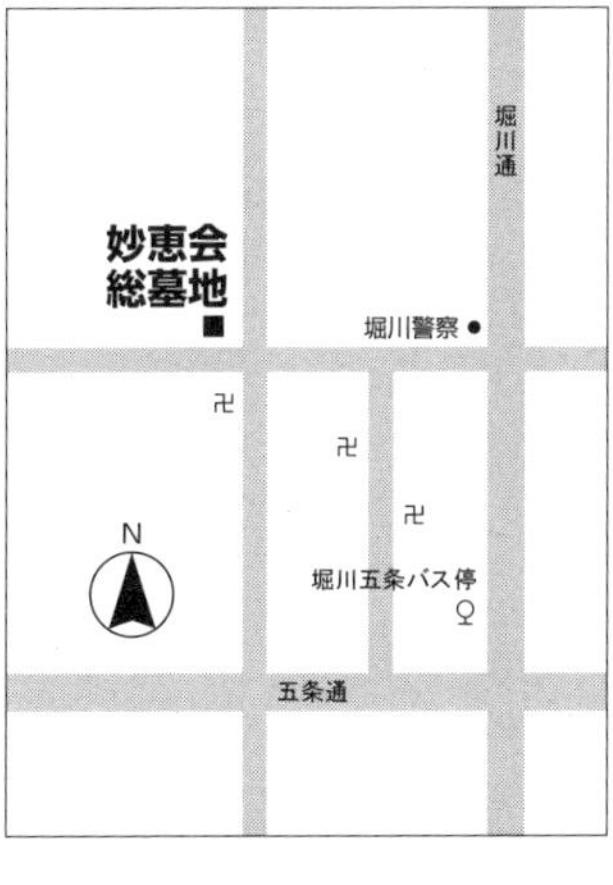

下剋上時代の申し子

織田信長を訪ねて徳川家康が挨拶に来た。〈日時〉は元亀《げんき》元年のことだとか、いや天正《てんしょう》二年だ、天正五年だともいわれている。〈場所〉も二条御所・安土城・高天神城《たかてんじんじょう》と諸説があって、はっきりしない。

だが、このとき信長は、傍にかしずいている初老の武士を顎《あご》で指し示して、家康に紹介した。

「この男、常人に出来ないことを三度もやった。十四代将軍足利義輝《あしかがよしてる》を暗殺し、主家の三好家を滅ぼし、東大寺の大仏殿を焼き払った男、松永弾正久秀《だんじょうひさひで》でござる。」

のちに信長に二度までも背き、ついには火薬を抱いて凄絶な死を遂げた、下剋上《げこくじょう》時代の申し子松永久秀である。

武人で数奇者の久秀

松永久秀が生まれたのは永正《えいしょう》七年（一五一〇）。阿波（徳島）の生まれだとか、京・西岡（長岡京）だとか、前半生は謎めいているが、はっきりして来るのは、阿波細川家の重臣であった三好長慶に仕えて、出世の足掛りを掴《つか》んだ享禄《きょうろく》二年（一五二九）二十歳のときからである。

当初、三好長慶の右筆《ゆうひつ》を務めていたが、二十年ほど経つうちに、摂津《せっつ》滝山城《たきやまじょう》（神戸市中央区）、多聞山城《たもんやまじょう》（奈良市法華寺《ほっけじ》町）、大和信貴山《しぎさん》城（奈良県生駒《いこま》郡平群《へぐり》町）の城主となって、堺・京・畿内を縦横に活躍、とくに堺の町衆たちと交際して、茶の湯・連歌《れんが》の達人としての異才を発揮、

600年余の歴史を刻む古い墓地。昭和初めの墓地整理で初めて築かれた無縁塔

茶人垂涎《すいぜん》の的であった「九十九茄子《つくもなす》の茶入《ちゃいれ》」や「平蜘蛛《ひらぐも》の茶釜《ちゃがま》」など、名物茶器を多数収集する数奇者《すきもの》でもあった。

久秀の三悪行

阿波の名門三好家の中枢《ちゅうすう》に入り込んだ久秀であったが、三好長慶を支えていた弟の実休《じっきゅう》と安宅冬康《あたぎふゆやす》を讒言《ざんげん》してその仲を割《さ》き、さらに長慶の嫡男義興《ちゃくなんよしおき》を巧妙に毒殺《どくさつ》、その結果長慶は悲嘆にくれて、永禄《えいろく》七年（一五六四）に病没した。

後を継いだ養嗣子《ようしし》三好義継《よしつぐ》は当時十三歳とあって、久秀は早速籠絡《ろうらく》して、三好三人衆（三好長逸《ながゆき》・三好政康《まさやす》・石成友通《いわなりともみち》）と政権を二分した。

そして翌永禄《えいろく》八年（一五六五）五月十九日、久秀と三人衆は十四代将軍足利義輝を清水寺参詣と偽って二条御所を襲撃して暗殺、十五代将軍に従兄弟《いとこ》の足利義栄《よしひで》を推《すい》挙《きょ》するも、三人衆との対立が表面化して抗争となった。

永禄十年（一五六七）十月十日、東大寺に陣取った三

墓地の正面中央、無縁塔の奥に立つ堂内に本圀寺の歴代住職が静かに眠っている

人衆の軍勢に対して、多聞山城を出た久秀軍が攻撃して勝利するも、その混乱の最中、東大寺が炎上して大仏殿を焼失、大仏の頭が溶け落ちてしまっていた。

信長に二度背いて

永禄十一年（一五六八）二月八日阿波公方《くぼう》足利義栄が十五代将軍に就任して、久秀の傀儡《かいらい》将軍が誕生した。ところが九月、織田信長が義栄の従兄弟《いとこ》足利義昭《よしあき》を奉じて上洛した。三好三人衆は逃亡し、久秀と三好義継は降伏したが、このとき久秀は八代将軍足利義政《よしまさ》も愛用したという「九十九茄子の茶入」を信長に献じて、大和支配を安堵されていた。

だが、元亀《げんき》二年（一五七一）久秀は甲斐の武田信玄《しんげん》に通じて信長に背くが、信玄が上洛途中で病死してしまったために、久秀はやむなく多聞山城と名刀〈不動国行《ふどうくにゆき》〉を信長に献じて降伏、再び許されていた。

ところが、天正五年（一五七七）に上杉謙信《うえすぎけんしん》上洛の噂を聞くと、久秀はすぐさま信貴山城に籠もって、またしても信長に背くが、謙信は上洛を取り止めてしまったために、信貴山城は信長軍に徹底的に攻め立てられている。このとき「平蜘蛛の茶釜」を献ずれば許そうという信長の誘いを拒否した久秀は、天正五年（一五七七）十月十日、首に「平蜘蛛の茶釜」を結び付け、信貴山城の天守閣で、火薬に火を点じて凄絶な自爆を遂げてしまっていた。

本圀寺墓地に眠る久秀

城とともに自爆したはずの松永久秀の墓が本圀寺《ほんこく》の旧墓地「妙恵《みょうえ》会総墓地《かいそうぼち》」で眠っていた。墓塔正面中央に、六十八歳で自爆した松永久秀の法名「妙久寺殿祐雪大居士」が、その右に刻まれた「高岳院久通居士」の法名は、久秀とともに信貴山城で戦死した久秀の子松永久通《ひさみち》である。だが、左手の法名「法賢院宗秀居士」は誰なのか不明である。

なお、久秀爆死の際、当時三歳であった久秀の末子《まっし》永種《ながたね》が乳母とともに城を脱出、京の東福寺に遁れたあと、本圀寺に入ったといわれており、のちの俳人松永貞徳《ていとく》はこの永種の子である。

斎藤利三と真如堂

明智光秀の股肱の臣であった斎藤内蔵助利三は光秀の妹の子。本能寺の変に加担して光秀と天下を奪うも、秀吉軍に反撃されて刑死。画家海北友松と真如堂で眠っている。三代将軍徳川家光の乳母春日局は利三の末女である。

真如堂の墓地に眠る斎藤利三㊧と海北友松㊨の墓。利三の墓塔には表に「斎藤内蔵介利三之墓」裏面に「法名陽剛院殿亡踣利三居士　天正十年壬午六月十七日」と刻まれている

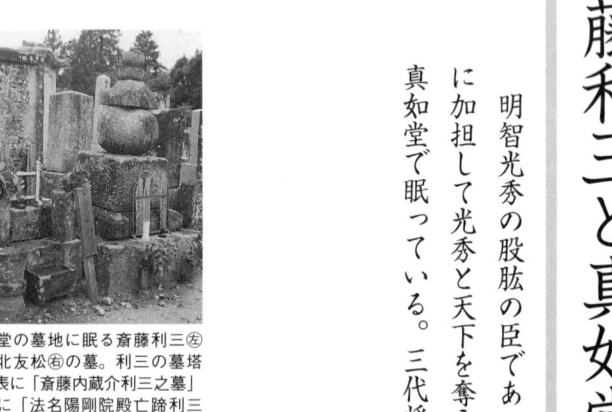

紅葉の隠れた名所で知られる真如堂。正式の名は真正極楽寺《しんしょうごくらくじ》。広い境内に本堂・三重塔・大師堂などが点在。11月15日の十日十夜の念仏会《ねんぶつえ》は紅葉の季節を彩る年中行事で有名

明智光秀の家老斎藤利三

天正十年（一五八二）六月、本能寺《ほんのうじ》の変のことである。丹波亀山《たんばかめやま》城を出た明智《あけち》軍団は、城の東、野条《のじょう》（亀岡市篠町）の地に来て、一万三千の軍勢を三つの部隊に分けて編成した。そして編成を終えると、明智光秀《みつひで》は明智弥平次《やへいじ》（秀満《ひでみつ》）たち重臣五名を集めて軍議《ぐんぎ》を開いた。その中に光秀が最もたよりとしていた股肱《ここう》の臣斎藤内蔵助利三《くらのすけとしみつ》がいた。

『寛永諸家系図伝《かんえいしょかけいずでん》』によると、利三は天文三年（一五三四）の生まれ。父は美濃《みの》の斎藤伊豆守利賢《いずのかみとしかね》、母は明智光秀の妹。当初美濃三人衆のひとりといわれた稲葉一鉄《いってつ》（良通《よしみち》）に仕えていたが、一鉄に疎《うと》んぜられたために、天正八年（一五八〇）明智光秀に家老・軍師《ぐんし》役（知行一万石）として迎えられていた。

重臣五名を集めて開かれた軍議の席で、明智光秀ははじめて胸中を打ち明け、度重なる遺恨《いこん》を晴らすために、主君織田信長を討つ決心を告げている。重臣たち

はみな光秀の胸中を察し、光秀に従うことを誓っていた。

光秀十一日間の天下取り

六月二日未明、洛中に入った明智軍は本能寺に信長を襲い、ついで二条御所にいた嫡男信忠《ちゃくなんのぶただ》を自刃《じじん》させて、天下を奪った。

だが、予想以上に早い秀吉軍東上の報に、明智軍は九日下鳥羽《しもとば》に出陣したが、期待していた細川藤孝《ふじたか》・忠興《ただおき》父子や中川清秀《きよひで》・筒井順慶《つついじゅんけい》らの応援もなく、やむなく勝龍寺城《しょうりゅうじじょう》正面に集結して、山崎の隘路《あいろ》から京に入って来る秀吉軍を順次撃破していくことにした。

だが、六月十三日午後から始まった雨中をついての決戦は、秀吉軍四万、明智軍一万五千の兵力の差が、そのまま結果となって明智軍は大敗した。光秀は勝龍寺城に逃がれ、再挙を図るべく、闇に紛れて城を脱出するが、坂本に戻る途中、小栗栖《おぐりす》の竹藪で土民に襲撃され、脇腹を突かれて深手を負い、重臣溝尾庄兵衛《みぞおしょうべい》の介錯《かいしゃく》で自刃した。わずか十一日間の天下取りであった。

斬首・磔となった利三

決戦の日、斎藤利三隊（二千人）は円明寺《えんみょうじ》川の右岸に、阿閉貞秀《あつじさだひで》隊（三千人）とともに布陣した。最前線である。昼すぎ山崎の隘路を抜け出て来た秀吉軍の先鋒高山重友《たかやましげとも》隊に斎藤・阿閉隊は襲いかかり、撃滅寸前であった。ところが、後続の秀吉隊がつぎつぎと戦場に投入されて来て、斎藤・阿閉隊は後退した。

明智軍は善戦した。だが衆寡《しゅうか》敵せず苦戦を強いられ、態勢を立て直すために勝龍寺城に後退した。このとき明智軍団は秩序もなく崩壊していた。その日、夜陰に紛れて光秀が城内を脱出すると、利三も城を出た。

古記録によると、利三は琵琶湖畔の堅田浦《かたたうら》まで逃れて民家に潜伏、数日休息しているところを、地元の猪飼半左衛門《いがいはんざえもん》に捕えられていた。身柄は京に送られ、六月十七日、市中を引き回されて六条河原で斬首、光秀の首とともに本能寺に晒されている。享年四十九歳。

真如堂の入り口山門

真如堂の境内に立つ斎藤利三と海北友松の墓所への案内板

そして二十日、光秀と利三の首は元の胴体《むくろ》にそれぞれ縫い合わされて、粟田口《あわたぐち》の刑場で改めて磔《はりつけ》となって晒されていた。

画家海北友松と共に

いま斎藤内蔵助利三は、真如堂《しんにょどう》の本堂南に広がる墓地の一角で、友人であった画家の海北友《かいほうゆう》松《しょう》と仲睦まじく肩を並べて眠っている。その経緯を『海北家記録』は、つぎのように伝えていた。

当時海北友松は狩野永徳《かのうえいとく》に絵を学んだ後、宋《そん》・元《げん》の画法を学び、一派を打ち立てた気鋭の画家で、古田織部《ふるたおりべ》の許に通って茶の湯も学んでいた。その席に斎藤利三と真如堂の塔頭《たっちゅう》東陽坊《とうようぼう》の僧長盛《ちょうせい》がいた。とりわけ斎藤利三は、天正元年(一五七三)小谷《おだに》城の戦いで戦死した友松の父海北綱親《つなちか》から軍法を学んでおり、友松とは顔見知りであった。

その利三が無惨な姿で晒されているのをみた友松は、なんとか供養をしたいと、東陽坊の長盛と謀《はか》り、天正十年(一五八二)六月二十日の夜半、友松は具足《ぐそく》をつけ、長槍《ながやり》で武装をして刑場に赴き、番人を追い散らしている隙に、東陽坊長盛が利三の遺体を奪取して真如堂に帰り埋葬したという。

海北友松は、それから三十三年経った慶長二十年(一六一五)六月二日に八十三歳で没すると、斎藤利三の墓の隣りに埋葬されている。遺言である。

なお、斎藤利三は稲葉一鉄の娘と結婚、四子女を儲けているが、徳川三代将軍家光の乳母《うば》を務め、大奥《おおおく》で絶大な権勢を振るった春日局《かすがのつぼね》は利三の末女である。

島左近と立本寺

二〇〇七年のＮＨＫ大河ドラマは戦国の武将武田信玄の軍師・参謀であった山本勘助が主人公。舞台は甲斐国（山梨）。ところが、京の町にも一人の著名な軍師がひっそりと眠っていた。石田三成の軍師であった島左近である。

立本寺の境内墓地に眠る島左近の墓塔。㊨正面、㊧上はその背面に〈寛永九壬申年〉の没年がはっきりと刻まれている

筒井家を去って石田家へ

天正十二年(一五八四)八月、大和郡山《やまとこおりやま》の城主筒井順慶《つついじゅんけい》が病没した。二年前の本能寺の変の際、明智光秀《あけちみつひで》の組下《くみした》大名であった順慶は山崎八幡《やまざきやはた》丘陵の洞ヶ峠《ほらがとうげ》まで出陣して来て、結局は〈日和見《ひより み》〉を決めこんでいた。これというのも、勝ち目のない戦さを見越した重臣島左近《しまさこん》(清興《きよおき》)の献策であったといわれている。

ところが、順慶が没して家督を順慶の甥定次《おいさだつぐ》が継ぐと、左近は筒井家を去って浪人した。定次が酒色《しゅしょく》に溺れはじめたのである。

筒井家を去った左近は、一時奈良興福寺の塔頭持宝院《じほういん》に寄宿、やがて近江の高宮宿《たかみやじゅく》に出て来たところを、当時甲賀郡水口《こうがぐんみなくち》四万石の城主であった石田三成の目に止まっていた。三成は当時天下人となった豊臣秀吉の第一の籠臣《ろうしん》といわれていた。その三成が、三顧《さんこ》の礼を尽くして、左近を所領四万石のうちから一万五千石を与えて召し抱えに来たのである。

三成は検地・徴税・城割・兵站《へいたん》といった行政面では確かに天才的であったが、実戦的な兵の采配《さいはい》などとなると、いたって不得手であった。三成は己れの欠点に気付いて、早くから左近の軍才に着目していたようである。

左近の能力を潰した三成

三成は左近の才能に惚《ほ》れ込んで、己れの所領の半分近くを与えて軍師に採用した。ところが、

立本寺の本堂。広い境内に本堂はじめ祖師堂・書院・庫裏など、日蓮宗独特の堂宇が立ち並んだ鎌倉時代創建の古刹である

三成の知性が、事あるごとに左近の優れた能力を押し潰してしまっていた。

慶長三年（一五九八）八月十八日に秀吉が没し、翌四年閏《うるう》三月三日に五大老《ごたいろう》の一人であった前田利家が逝った。この結果、徳川家康が露骨に秀吉後の政権をにらんで動き出していた。

このとき左近は、再三三成に家康暗殺を進言した。だが、三成は暗殺は姑息《こそく》な手段であるといって反対した。

三成が加藤清正・福島正則たちに襲撃されて、家康の屋敷に逃げ込んだときも、左近は佐和山《さわやま》に退《の》く機会を捉えて、伏見の家康を襲撃すべきだと献策したが、三成は許さなかった。

上杉討伐のときもである。家康は上杉景勝《かげかつ》を討つため東下の途中、近江石部宿《いしべしゅく》に宿泊した。このとき家康の周辺は全くの無防備であった。左近は三千の軍勢で夜襲を進言した。だが、三成はこのときも夜襲は陰湿であるといって許さなかった。

杭瀬川の一戦に本領発揮

左近が軍事的采配でわずかに本領を発揮したのは関ヶ原決戦の前日、九月十四日の杭瀬《くいせ》川の一戦である。

美濃赤坂に到着した家康の本陣と大垣城の西軍の間に杭瀬川が流れていた。左近は同僚の蒲生郷舎《さとなり》とともに周辺に兵を伏せて配置をすると、少人数で杭瀬川を渡って東軍の中村一栄《かずひで》・有馬豊氏《とようじ》隊を挑発した。左近は敗走する振りをして中村・有馬両隊が川を越えて追撃して来たところを、待ち受けた伏兵が徹底的に叩いていた。家康の目前で起こった西軍の鮮やかな勝利であった。

たしかに左近の策は臨機応変《りんきおうへん》であった。三成は大義名分《たいぎめいぶん》を掲げて、正々堂々と家康を倒すことばかりを考えていた。だが、左近はまともに勝てる相手でなければ、虚に乗じて奇策を用いてでも相手を倒せばよいのである。

三成に過ぎたるものに二つあり
　島の左近と佐和山の城

当時、世上で囁かれていた落首である。

立本寺に眠る島左近

島左近は、いま上京区一番町にある日蓮宗の寺、立本寺《りゅうほんじ》の境内墓地で眠っている。

鎌倉時代の末に日像上人によって開創された日蓮宗の寺・具足山立本寺の山門

杭瀬川の一戦で束の間の勝利を納めた左近は、関ヶ原決戦の当日の朝、石田隊の前衛・最前線にいて東軍の黒田長政・細川忠興《ただおき》・加藤嘉明《よしあきら》・田中吉政などの諸隊と入り乱れて戦かっていた。このとき左近は黒田隊の銃弾に当たり、手当の後、再度戦場に向かったところで消息は不明となった。

『名将言行録《めいしょうげんぎょうろく》』によると、左近は「慶長五年（一六〇〇）九月十五日戦死、齢《よわい》六十一」と記録されている。

ところが、立本寺の墓地の墓塔正面に「妙法院殿島左近源友之大神儀」の法名が記され、背面に「寛永九壬申年（一六三二）六月二十六日歿」と刻まれていた。

傷ついた左近は京に逃れて来て、僧となって立本寺に身を隠し、関ヶ原後三十二年、九十三歳の年まで生存していたようである。立本寺の塔頭教法院《きょうほういん》には位牌・過去帳も残されていて、いまも広島で著名な醸造元を営む御子孫の手厚い供養が毎年のように続いていた。

山中長俊と慈芳院

近江守護職六角氏にとことん仕えた末に、新たに選んだ主君は、織田信長・柴田勝家・丹羽長秀と目まぐるしく変転。ようやく秀吉に仕えて右筆としての才能を開花させるが、関ヶ原後は改易されて捨扶持の身に。

慈芳院の境内墓地に眠る四百年の歳月を経た山中長俊の墓。寺の寺宝となっている「紙本着色山中長俊像」は重要文化財指定の逸品

慈芳院の入り口山門前に立つ石柱は、かつて東大路通に面した町角に立っていた山中長俊の墓所への道標《みちしるべ》の石標

六角氏とともに逃亡

鎌倉時代の頃、近江甲賀郡《おうみこうがぐん》山中村（滋賀県甲賀市土山《つちやま》町）で〈山中〉を名字とする強大な土豪《どごう》がいた。当時、伊勢神宮領柏木御厨《かしわぎのみくりや》（現・甲賀市水口町）の代官を務め、南北朝時代に入ると近江守護職《おうみしゅごしょく》六角氏《ろっかくし》に仕えて、幕府から参宮道鈴鹿関《さんぐうどうすずかのせき》の警固を命ぜられるなど、公務にも携わっていた豪族である。

織田信長が登場して来る戦国の時代、この本家筋から枝分かれした庶流《しょりゅう》（分家筋）に中山為俊《ためとし》・長《なが》俊《とし》父子がいた。

はじめは本家筋同様に、近江守護職六角承禎《ろっかくしょうてい》（義賢《よしかた》）に仕えていたが、永禄十一年（一五六八）九月、織田信長が六万の大軍を率いて六角氏の居城観音寺城《かんのんじじょう》（滋賀県安土町）の攻略に押し寄せて来たとき、雲霞《うんか》のごとき大軍を見て、六角承禎はいち早く城を捨てて逃亡した。

このとき山中為俊・長俊父子も承禎の後を追って、この難攻不落《なんこうふらく》といわれた堅固な山城《やましろ》を捨てて逃げ出していた。

つぎつぎと主君変転

時勢をみる目がなかったようである。六角承禎が甲賀《こうが》に逃げると、山中為俊・長俊父子もその後についていき、元亀元年（一五七〇）九月、浅井長政《あざいながまさ》・朝倉義景《あさくらよしかげ》の連合軍が織田信長に反《はん》旗《き》を翻《ひるがえ》すと、山中父子も六角氏とともにその中にいた。

だが、忽ち信長軍に蹴散《けち》らされて、三年後の天正元年（一五七三）、朝倉義景は居城一乗谷《いちじょうだに》城（福井市）で、浅井長政も小谷《おだに》城（滋賀県長浜市浅井町）を攻め落とされてそれぞれ自殺、歴史の表舞台から消えている。

ところが、このあと、いつの頃からか山中父子は織田軍に加わっていた。六角氏に忠勤を尽くして来た山中父子も、ようやく時代の流れを感じ取ったのかも知れない。

ところが、不幸なことに天正十年（一五八二）六月、本能寺の変が起こって織田信長が明智《あけち》光秀《みつひで》に討たれると、主君を失った山中長俊は織田家の宿老柴田勝家《しゅくろうしばたかついえ》に仕えていた。（この頃から父為俊の名が消えている。）

だが、翌年天正十一年（一五八三）四月、その柴田勝家が賤ヶ岳《しずがたけ》の合戦で羽柴秀吉に敗れ、越前北庄《えちぜんきたのしょう》城（福井市）で自刃《じじん》して果てると、やむなく山中長俊は新たに北庄城主となった丹《に》羽長秀《わながひで》に仕えていた。この頃、目まぐるしく主君が変った。

秀吉の右筆として活躍

だが、丹羽長秀も長俊が仕えはじめて二年ほど経った天正十三年(一五八五)四月に病没した。〈北陸の重鎮《じゅうちん》〉〈織田家の重臣〉とまでいわれた長秀の後を嫡男長重《ながしげ》が継いだ。ところが途端に家中に内紛が生じて、熾烈《しれつ》な権力争いがはじまっていた。このため、嫌気がさした長俊は思い余って丹羽家を離れている。幸いだったのは、このとき長俊は秀吉に召し出されて〈右筆《ゆうひつ》〉として抱えられている。秀吉は長俊を〈武将〉としてより〈文官《ぶんかん》〉として評価していたようで、天正十八年(一五九〇)の小田原討伐には、秀吉は長俊を同行して、小田原城に籠城している忍《おし》城主(埼玉県行田《ぎょうだ》市)成田氏長《なりたうじなが》に投降勧告状《とうこうかんこくじょう》を書き送るなど、秀吉は長俊を右筆として務めさせていた。

謹厳実直《きんげんじっちょく》な人柄が買われてか、長俊は文禄二年(一五九三)頃からは秀吉蔵入地《くらいりち》(直轄地《ちょっかつち》)の越前北袋銀山《えちぜんきたぶくろぎんざん》の代官となり、筑前蔵入地代官などを歴任、その年〈従五位下〉・〈山城守〉に叙任《じょにん》されて、文禄四年(一五九五)には一万石の大名にまでなっていた。

慈芳院に眠る長俊

慶長三年(一五九八)秀吉が没したとき、長俊は畿内にある豊臣家直轄地三万石の代官を務めていた。五年(一六〇〇)関ヶ原の合戦が起こったとき、長俊は大坂城にいて、西軍の右筆となって働いていた。そのため戦後改易《かいえき》されて、摂津《せっつ》西三郡・河内中部・近江・伊勢などに散在していた一万石の所領はすべて没収されてしまい、わずかばかりの捨扶持《すてぶち》を与えられていた。

長俊が没したのは慶長十二年(一六〇七)十二月二十四日。享年六十一歳。五条通東大路交差点の南、一筋目を西に入ったところにある青玉山慈芳院《じほういん》の境内墓地で眠っていた。

一説によると、長俊が夫人の慈芳院追善のために、自邸内に堂宇を建立、建仁寺の住持三江《さんこう》紹益《しょうえき》和尚を請《しょう》じて開基《かいき》したと伝えているが定かではない。

寺の入り口、山門横に「豊太閤記室山中山城守長俊公墓道」の石標が立ち、門を潜って境内に入ると、正面の本堂に〈大聖不動明王《だいしょうふどうみょうおう》〉の扁額《へんがく》を掲げ、左手に大日如来《だいにちにょらい》石像を安置した堂があって、その奥の墓地に長俊の墓があった。僧形石《そうぎょうせき》(卵塔《らんとう》)の台石に「松雲院殿前城州大守徳林紹春居士」の法名と「慶長十二丁未歳十二月二十四日」の没年が刻まれている。

明治四十年(一九〇七)当時、寺は荒廃していて、長俊の墓所も煙滅《えんめつ》寸前の有様であったとか。このとき南画家《なんがか》で著名なあの富岡鉄斎翁《とみおかてっさいおう》によって発見され、無事蘇ったという逸話《いつわ》の残る長俊の墓である。

田中吉政と金戒光明寺

関ヶ原の戦場から姿を消した西軍の首謀者石田三成を執拗に追い続けた田中吉政。三成逮捕の知らせに、喜んだ徳川家康は、吉政の知行十万石を三十二万五千石に加増して、三河岡崎から筑後柳河に移封した。

田中吉政の墓塔。正面に「前筑州都督橘朝臣正議吉政／円光院殿崇厳道越大居士／慶長十四巳酉二月十八日」と刻まれている

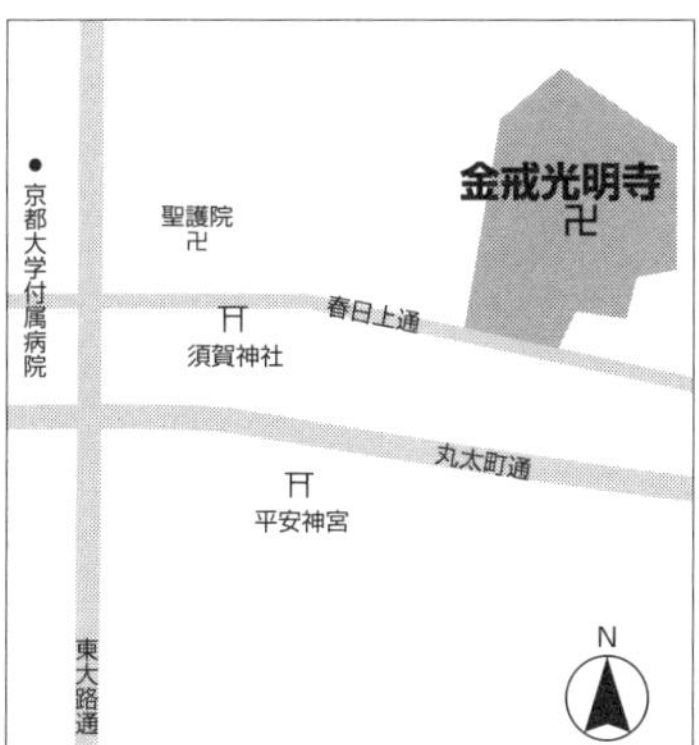

〈黒谷サン〉で親しまれている浄土宗大本山金戒光明寺の御影堂《みえいどう》。堂内に法然上人の御影を安置。この堂に向かって左手の墓地の最先端に見える巨大な宝篋印塔が吉政の墓塔

関ヶ原から消えた三成

慶長五年（一六〇〇）九月十五日、天下分け目の関ヶ原の合戦は、小早川秀秋《こばやかわひであき》の寝返りによって、東軍徳川家康方の勝利に終わった。ところが、西軍の首謀者石田三成は、西軍が崩れはじめるとすぐに、本陣のあった笹尾山《ささおやま》から姿を消した。

家康は合戦の結果を見届けると、翌十六日早速小早川秀秋・田中吉政などの諸隊に対して、三成の居城佐《さ》和山城《わやまじょう》（彦根市）の攻撃を命じている。落城したのは十八日。このとき石田一族や家臣たちの多くが、城とともに自害して果てたというのに、ここにも三成の姿は見当たらなかった。

家康は、ただちに近江の地理に詳しい田中吉政を呼んで、三成の逮捕を命じた。

その頃、三成は伊吹山《いぶきやま》の南麓から北へ、金糞岳《かなくそだけ》を目指して山中を潜行、己高山《こだかみやま》の谷間を抜け出て、木之《きの》本《もと》の古橋村《ふるはしむら》に入ったのは十八日の夕刻であった。この

とき三成は、乾飯《ほしいい》と水ばかりの逃避行に疲れて、激しい下痢《げり》を患っていた。

田中吉政、三成を逮捕

三成の逮捕を命ぜられた田中吉政は、天文十七年（一五四八）近江国高島郡田中村で生まれている。はじめ秀吉の家臣であった宮部《みやべ》継潤《けいじゅん》に仕えて近江や因幡《いなば》の鳥取にいたが、のちに秀吉に命ぜられて、秀吉の甥《おい》秀次《ひでつぐ》の傅役《ふやく》（養育係）を務めたことから、天正十八年（一五九〇）三河岡崎城主（五万七千石）となり、翌年秀次が関白《かんぱく》となるや家老に任じられていた。

ところが、文禄四年（一五九五）秀次が謀反《むほん》を理由に処刑されると、吉政は常日頃秀次に諫言《かんげん》をしていたことが賞されて加増され、十万石の大名となっていた。

秀次付きの家老として近江八幡山城にいた関係で、吉政は近江の地理にはかなり明るかったようである。

古橋村に辿り着いた三成は、三成の領国内とあって、顔見知りの村名主与次郎太夫《よじろうたゆう》が、十九日の晩ひそかに三成を樵夫《しょうふ》の姿に変装させて、裏山の洞窟《どうくつ》に匿《かくま》っていた。

三成はここで数日下痢の治まるのを待って、陸路琵琶湖の北を通って西近江に出、京を避けて丹後から能勢《のせ》・摂津《せっつ》を経て大坂に戻るつもりでいた。ところが、二十一日の早朝、三成は田中吉政の一隊に囲まれていた。

黒谷サンの山門。楼上正面の額は後小松天皇宸筆「浄土真宗最初門」の勅額である

三倍する加増で移封

吉政は逮捕した三成を、二十四日大津に滞在していた家康の陣所へ護送した。このとき吉政は、三成に縄を掛けたり、両手を縛るような扱いをせず、丁重に竹輿《たけこし》に乗せて護送した。

吉政が関白秀次の家老を務めていたとき、たびたびの諫言《かんげん》に秀次の機嫌を損じた吉政は、摂津で河川築堤の奉行を務めて来るがよいと、八幡山城を逐《お》われている。このとき三成が救いの手を差しのべていた。吉政はそのときのことを忘れていなかった。

このあと三成は大坂へ送られ、大坂・堺を引き回されたのち、十月一日京の町を引き回されて六条河原で斬首、三条大橋のたもとに晒されていた。

三成逮捕を喜んだ家康は吉政を激賞、戦後行なわれた論功行賞では、三河岡崎十万石の吉政を三十二万五千石に加増して、筑後柳河《ちくごやながわ》へ移封した。三倍する加増である。

〈高麗門〉と呼ばれる黒谷サンの通用門

伏見で急逝した吉政

吉政は慶長六年（一六〇一）三月、三河岡崎を発って、筑後柳河（福岡県柳川市）に入国した。入国早々、吉政は柳河城の規模を拡張、五層の天守閣を築く傍ら、筑後川など河川の改修と新田開発に積極的に取り組んでいる。

ところが、慶長十四年（一六〇九）二月十八日、参勤のため江戸へ赴く途中、伏見の旅籠《はたご》で急逝してしまったのである。享年六十二歳。

当時、吉政の嫡男吉次《よしつぐ》は、吉政の勘気を受けて家を出ており、次男吉信《よしのぶ》は病死、三男吉興《よしおき》は別に幕府より二万石の禄を得ていたために、四男忠政が吉政の後を継いでいる。ところが、元和七年（一六二一）八月七日、三十六歳で江戸で病死、世継《よつぎ》がなかったために田中家は無嗣断絶《むしだんぜつ》してしまうのである。

伏見で没した吉政は、いま黒谷金戒光明寺《くろたにこんかいこうみょうじ》で眠っている。本堂の西隣りにある墓地の最南端に立つ、三メートルに近い巨大な宝篋印塔《ほうきょういんとう》が墓所である。法名・円光院殿崇厳道越大居士。

小出秀政と本圀寺

豊臣秀吉と同じ村の生まれで幼なじみ。長じて秀吉の母なかの妹と結婚したことによって、戦場に赴くことなく、常に後方部隊に配属されて、いつの間にか和泉岸和田城主三万石に収まっていた。

中央に立つ〈南無妙法蓮華経〉と刻まれた題目石の右に、笠石を被った墓塔が小出秀政の墓塔。表面に〈本光院殿前播州太守陽雲日政大居士〉と刻まれている

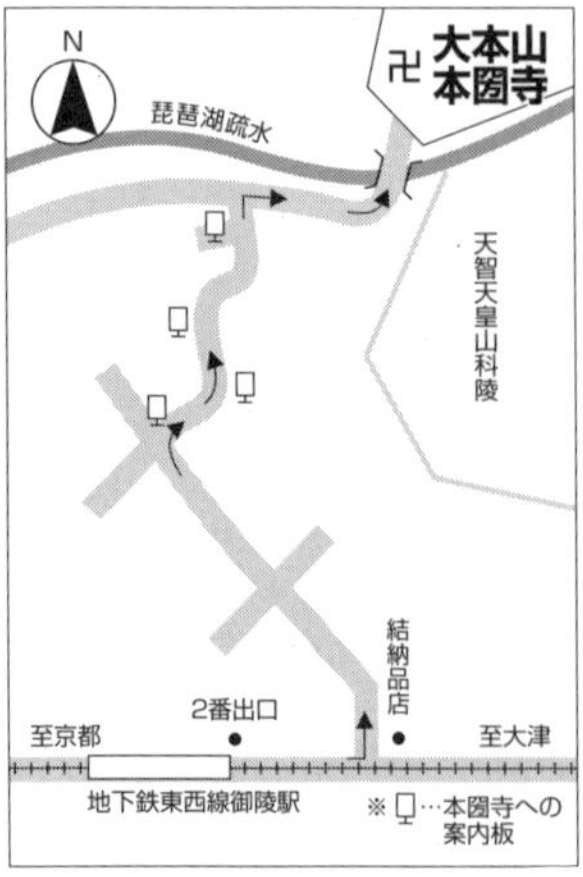

秀政の妻はなかの妹

豊臣秀吉の生母なかは尾張《おわり》国愛智《あいち》郡御器所《ごきそ》村（名古屋市昭和区御器所町）で百姓をする貧しい家に生まれたといわれている。かなり姉妹が多くいたようで、のちに秀吉の子飼《こが》いの大名となって活躍する加藤清正の生母はなかの従姉《いとこ》・伯母《おば》ともいわれ、福島正則の生母はなかの妹とも秀吉の叔母《おば》ともいわれ、こうした血縁関係からか、秀吉はこの二人を信頼し、重用した。

そして、いまひとりなかの妹と結婚した武将に、のちに和泉《いずみ》岸和田城主となった小出秀政《こいでひでまさ》がいた。

小出秀政は秀吉と同じ尾張中村（愛知県名古屋市中村区中村町）の出身で、秀吉より三歳年下の天文九年（一五四〇）の生まれ。なかの妹と結婚した関係で、早くから秀吉に仕え、この中村の地で永禄八年（一五六五）嫡男吉政が生まれ、次男秀家も生まれていた。

岸和田城主となった秀政

小出秀政には加藤清正や福島正則たちのような派手な戦陣譚《せんじんたん》やエピソードなどは伝わっていない。「小出播磨守《はりまのかみ》（秀政）は大政所《おおまんどころ》（なか）の妹を妻にして、太閤《たいこう》（秀吉）一段の御意合なり」と、奈良興福寺の僧たちが『多聞院《たもんいん》日記』に書き記しているように、〈秀吉の母の妹の夫〉ということで、〈秀吉の姉の夫〉三好吉房と同じように、秀吉に特別に取り立てられていった。しかも死と隣り合わせの最前線に出陣することなく、常に残留・留守居組である。

山科に移った日蓮宗本圀寺の入り口山門。文禄元年（1592）加藤清正が寄進した山門で、通称を〈赤門〉といい、またこの門をくぐると人生が開けることから〈開運門〉とも呼ばれている縁起のよい山門である

山門をくぐって境内に入ると、広い境内の右手に〈本圀寺寺務所〉の風格ある建物が目に飛び込んで来る

天正十年（一五八二）本能寺の変が起こり、高松城の水攻めの最中であった秀吉軍は急ぎ和睦して全軍姫路に駆け戻り、明智光秀を討つために京へ向かった。このとき秀吉は姫路城の留守居責任者に浅野長政（北政所の妹の夫）を置き、その下に小出秀政を配属した。そして天正十三年（一五八五）、秀吉は天下人になると、この小出秀政に和泉岸和田城三万石を与えていた。

関ヶ原後も本領安堵

岸和田城主に抜擢《ばってき》された小出秀政は城普請《じょうぶしん》に終始、天守・矢倉・門などを完成させている。そして、慶長三年（一五九八）秀吉が病床に倒れて危篤状態に陥ると、大坂城本丸裏門の警備を厳命されていた。秀吉はじめ豊臣家中の者からもかなり信頼が寄せられていたようである。

秀吉が没して慶長五年（一六〇〇）関ヶ原の合戦が勃発したとき、秀政は秀頼を守護して大坂城内にいた。当時但馬出石《たじまいずし》にいた嫡男吉政は、石田三成に命じられて東軍細川幽斎《ゆうさい》の居城丹後田辺城攻撃に向かっていた。ところが、機を見るに敏であったのか、秀政は次男秀家を東軍・徳川家康方に参加させた。この秀家がかなりの戦功を挙げた（詳細不明）ようで、戦後、秀政も吉政も罰せられることなく、かろうじて本領を安堵されていた。

山科に移った一族の墓

関ヶ原の戦いを終えた秀政は、多くの時間を大坂城にいて秀頼の傍近くに仕えていた。そして、秀吉を神として祀った京の豊国神社の例大祭には毎年秀頼の名代となって社参を続けてい

山科本圀寺の本堂

たが、慶長九年（一六〇四）正月の名代社参を最後にして、その年三月二十二日、大坂城内で没していた。享年六十五歳。遺骸は京に運ばれ、本圀寺《ほんこくじ》に埋葬されている。法名・本光院殿陽雲日政大居士。

京の本圀寺は日蓮宗六条門流の大本山。かつては西本願寺の北に位置し、北は松原通から南は花屋町通へ、東は堀川通から西は黒門通にいたる広大な寺地を有し、本堂以下、祖師堂・釈迦堂・鬼子母神堂・三十番神堂など日蓮宗独特の建物が並び、塔頭寺院三十五ヵ寺を擁した大寺であった。ところが昭和四十六年（一九七一）、この創建以来の由緒ある寺地を離れて、現在は、山科区御陵大岩の地に移転した。かつて本堂裏手にあった秀政を中心とした小出家の墓地も山科に移されていて、釈迦堂裏手にある〈本圀寺墓地〉の一段上の地、東北隅の一角で、秀政をはじめ一族の墓塔が肩を寄せ合っていた。

小笠原秀政と常寂光寺

大坂夏の陣決戦の日、信濃松本城主小笠原秀政は、嫡男忠脩・次男忠真の二人を連れて出陣。入り乱れての死闘の末に、秀政と嫡男は壮絶な戦死。墓所は信濃松本と京都の二カ所にあって、それぞれ法名を諡られ、墓塔も建立されて丁重に祀られていた。

常寂光寺の境内多宝塔横、開山堂前に眠る小笠原家の墓所。石柵囲いの中に秀政の墓塔を中央に㊨忠脩㊧忠真の五輪塔が並んでいる

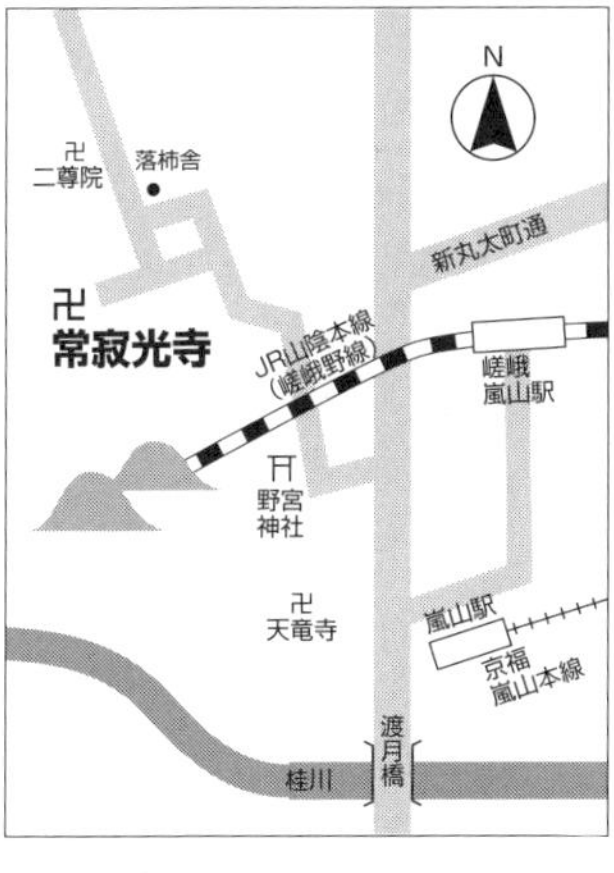

家康に叱責された秀政

慶長二十年（一六一五）五月七日、大坂夏の陣決戦の日のことである。信濃松本城主小笠原秀政《ひでまさ》は二百五十余騎の騎馬隊に兵卒《へいそつ》三千余人を従えて天王寺口《てんのうじぐち》阿倍野《あべの》に出陣した。

前日六日、小笠原隊は阿倍野久宝寺《きゅうほうじ》村に出撃、ここで大坂方の木村重成《しげなり》隊と遭遇《そうぐう》したが、〈まだ戦うときではない〉という軍監《ぐんかん》の判断を真に受けて勝機《しょうき》を逸し、家康より厳しい叱責《しっせき》を受けていた。そのため、きょうこそは昨日の恥辱《ちじょく》を雪《そそ》ごうと、秀政は嫡男忠脩《ちゃくなんただなか》、次男忠真《ただざね》（忠政《ただまさ》）を連れて出陣した。

阿倍野の戦場には家康より先鋒《せんぽう》を命ぜられた本多忠朝《ただとも》（上総大多喜《かずさおおたき》藩五万石）隊がいた。本多忠朝も昨年十二月の冬の陣の際に、辺鄙《へんぴ》な今福村《いまふくむら》に陣場《じんば》を与えられたことで、公然と不満を洩らしていた。このことを耳にした家康は諸大名のいる前で本多忠朝を罵倒《ばとう》した。この日の本多忠朝は、小笠原秀政と同様に家康の信頼を取り戻すべく悲壮な覚悟を固めていた。

嫡男落命ついで秀政も

阿倍野に到着するや秀政は三段に陣を敷いた。すでに前方に大坂方の大野治長《はるなが》・毛利勝永《かつなが》・竹田永応《ながまさ》の諸隊が集結・布陣していて、真田幸村《さなだゆきむら》の遊撃隊《ゆうげきたい》が再三鉄砲を撃ちかけながら秀政隊に斬り込んで来た。

秀政隊は竹田永応隊を攻撃して敗走させると、その勢いに乗じて毛利勝永隊に襲いかかった。

紅葉の季節、モミジ狩りをする人たちで賑わう小倉山常寂光寺の入り口山門

ところが、このとき側面から突如大野治長隊が突っ込んで来た。秀政は馬上で十文字の槍《やり》をかざして応戦するも、雲霞《うんか》のごとき敵。嫡男忠脩は前後左右からの無数の槍に突き立てられて、たちまち絶命して落馬。秀政もまた六カ所の深手《ふかで》を負い、家臣の者に救け出されて、重傷を負った次男忠真とともに久宝寺にまで撤退《てったい》した。入り乱れての死闘である。本多忠朝も討たれていた。

秀政重傷と聞いて家康は早速施薬院《やくいん》宗伯《そうはく》と山岡五郎作景長《かげなが》の二人の侍医を差し向けて来たが、秀政はその日の夕刻に没していた。

家督を継いだ次男忠真

小笠原秀政は永禄十二年（一五六九）京の南、宇治田原で生まれている。その秀政が十七歳になった天正十三年（一五八五）十一月、徳川家の重臣であった石川数正《かずまさ》がひそかに豊臣秀吉に心を寄せて岡崎を出奔《しゅっぽん》したとき、秀政も父貞慶《さだよし》とともに数正に同行

伏見城の客殿を移築して造営された常寂光寺の本堂。昭和７年に大改修された

して秀吉に謁《えっ》していた。

翌年、秀吉と家康との間に和議が成立、小笠原家と徳川家の主従関係も秀吉の斡旋《あっせん》で和解が成立、天正十七年（一五八九）には秀政が家督を相続すると、秀吉の命で家康の嫡男岡崎三郎信康《のぶやす》の娘を娶《めと》っている。

慶長五年（一六〇〇）の関ヶ原の合戦では結城秀康《ゆうきひでやす》に属して出陣、翌六年（一六〇一）信濃飯田城主となり、慶長十八年（一六一三）には小笠原家の旧領信濃松本（八万石）に移封されたばかりであった。

だが、慶長二十年（一六一五）の大坂夏の陣後、家康は秀政・忠脩の戦功をたたえて、重傷を負ったが一命を取り留めていた秀政の次男忠真に、小笠原家の家督を相続させていた。

松本と京都に眠る父子

大坂夏の陣で陣没した小笠原秀政と嫡男忠脩の二人は、信濃松本にある曹洞宗《そうとうしゅう》の寺・龍雲山広沢寺《こうたくじ》で眠っている。広沢寺は小笠原家の祖小笠原持長《もちなが》が宝徳《ほうとく》元年

(一四四九)に小笠原家の菩提所として開創した寺で、小笠原家歴代墓所の傍らに秀政と忠脩の五輪塔が並んでいる。秀政・享年四十七歳・法名両選院殿義叟宗玄大居士。忠脩二十二歳・法性寺殿正甫宗中大居士。

ところが、この京都の町でも小笠原父子が眠っていた。紅葉の名所で知られる嵯峨野《さがの》にある日蓮宗の寺・小倉山常寂光寺《じょうじゃくこうじ》である。

この寺の二世住持通明院日詔《つうみょういんにっしょう》上人は、公卿日野大納言輝資《ひのだいなごんてるすけ》の息男《そくなん》に当たり、小笠原家とは俗縁で結ばれていた。そのため陣没した父子を供養して、秀政には「本立院殿高巌日源大居士」、忠脩には「光雲院殿桂岳道栄大居士」の法名を諡《おく》り、家督を継いだ次男忠真が寛文七年(一六六七)十月十八日七十二歳で没し、豊前小倉《ぶぜんこくら》の福聚寺《ふくしゅうじ》に葬られたことを聞くと、「福聚寺殿神位」の法名で墓塔を建立して丁重に供養を行なっていた。

板倉勝重と光悦寺

家督を継ぐため急遽還俗、京都所司代となった板倉勝重。金地院崇伝とともに豊臣潰しを画策、世の中から豊臣色の一掃を図った板倉勝重。本阿弥光悦の鷹ヶ峰拝領を演出した彼は、光悦芸術の理解者でもあった。

光悦翁の墓所の右後方に眠る勝重㊨と嫡男重宗の墓塔。重宗は勝重辞任の後、京都所司代を35年間務め上げた名行政官であった

楓に被われた光悦寺の入り口山門。広い境内に太虚庵《たいきょあん》・三巴亭《さんばてい》・了寂軒《りょうじゃくけん》など、由緒ある茶室が散在。太虚庵前の光悦垣は臥牛垣《ねうしがき》とも呼ばれて優雅。一帯は秋、紅葉の名所である

異色の京都所司代

織田信長は天正元年（一五七三）京都に上洛して来ると、〈所司代《しょしだい》〉を置いて、能吏《のうり》と評判の高かった村井貞勝《さだかつ》を据えた。村井貞勝は信長の期待通りに、朝廷・公家《くげ》を統括し、社寺を制し、京中を監察して治安の維持に辣腕《らつわん》をふるっていた。だが、天正十年（一五八二）本能寺の変の際に、貞勝は信長の嫡男信忠《のぶただ》とともに二条御所にいて、明智光秀《あけちみつひで》軍に討たれていた。

ついで豊臣秀吉の時代、所司代となって京中の政務をとり仕切っていたのは、村井貞勝の女婿《じょせい》であった前田玄以《げんい》である。はじめ比叡《ひえい》山《ざん》の山法師《やまほうし》だったという異色の経歴の持ち主だが、い

まも各方面に、彼の下知状《げちじょう》（指図《さしず》・命令書）や署名した判物《はんもつ》が多数現存しているところをみると、所司代としてかなり活発に活動していたようである。

だが、慶長三年（一五九八）秀吉が没して、慶長五年（一六〇〇）の関ヶ原の合戦を終えると、徳川家康は京中から豊臣色を一掃するため、前田玄以を更迭《こうてつ》して、慶長六年（一六〇一）八月、家康のお膝元《ひざもと》江戸の町で町奉行《まちぶぎょう》を務めていた板倉勝重《いたくらかつしげ》を京都所司代に任命した。

急遽還俗して家督を継ぐ

この板倉勝重もまた前田玄以と同じように僧侶出身という異色の人物である。

天文十四年（一五四五）三河国《みかわ》（愛知県東部の三州《さんしゅう》）で生まれた勝重は、幼くして尾張の恵阿《けいあ》寺《じ》に入れられて出家《しゅっけ》、長厳玉庵《ちょうがんぎょくあん》和尚の許で修行、三十代半ば過ぎまで禅僧香誉宗哲《こうようしゅうてつ》と称して僧籍《そうせき》にいた。

ところが、その間に、三河の松平《まつだいら》氏に仕えていた父の板倉好重《よししげ》が永禄《えいろく》四年（一五六一）額田《ぬかだ》中島《なかじま》城の攻防戦で討ち死に、後を継いだ定重《さだしげ》も天正九年（一五八一）遠江高天神《とおとうみたかてんじん》の戦いで松平《まつだいら》家忠《いえただ》に従《つ》いて出陣、討ち死にしてしまったために、宗哲は急遽還俗《げんぞく》して家を継ぐことになり、板倉勝重に戻って徳川家康に仕えていた。

そして天正十四年（一五八六）、家康が浜松から駿府《すんぷ》（静岡）に居城《きょじょう》を移すと、勝重は駿府町奉行に登用《とうよう》され、天正十八年（一五九〇）秀吉の命で、家康が関東に移されて江戸城を開くと、勝重は江戸町奉行・関東代官《だいかん》に任命されていた。前田玄以に似て行政手腕も手堅く、家康もかなり信頼を寄せていたようである。

崇伝とともに豊臣潰し

勝重が京に赴任して来た当座、京中はじめ近畿一円は豊臣一色に塗り潰されていた。その上、豊臣家の番頭格《ばんとう》であった片桐且元《かたぎりかつもと》が小まめに各地を動き回っていた。

その勝重が、且元を御《ぎょ》して、水を得たように動き出すのは、慶長十三年(一六〇八)に南禅寺金地院《じこんちいん》の僧であった以心崇伝《いしんすうでん》が家康に重用されて登場して来てからである。

この崇伝によって豊臣潰しが画策されると、勝重もまた豊臣家や西国諸大名の動静を逐一報告、豊臣家滅亡の原因となった方広寺大仏殿の鐘銘《しょうめい》事件では、勝重も事件の発端に一役買っている。そして豊臣家が滅亡すると、崇伝とともに武家諸法度《しょはっと》、禁中《きんちゅう》・公家諸法度、諸宗本山寺院法度を公布、紙に書き綴った法度(禁制)をつぎつぎと読み聞かせただけで、血を見ることなく朝廷・公家・門跡《もんせき》をはじめ、大名、社寺など、国内の諸勢力を一挙に徳川政権の支配化に組み入れてしまっていた。

光悦寺に眠る勝重父子

慶長二十年(一六一五)五月、大坂夏の陣で豊臣家が滅亡、豊臣から徳川へと政権交替と変革が一気に進んだことを見届けた勝重は、元和《げんな》五年(一六一九)十一月、家督を嫡男重宗《しげむね》に譲って、京都所司代を辞任した。七十五歳であった。没したのは五年後の寛永元年(一六二四)四

本阿弥光悦の墓所。右後方に見えるのが板倉勝重父子の墓所

月二十九日、法名・長円寺殿傑山源英大居士。墓所は板倉家歴代の菩提所《ぼだいしょ》である三河国幡豆《はず》郡貝吹《かいふき》村（愛知県西尾市貝吹町）にある長円寺で眠っているが、京の鷹ヶ峰にある本阿弥光悦《ほんあみこうえつ》ゆかりの寺・光悦寺にも勝重と嫡男重宗の二人の供養塔が並んでいた。

元和元年（一六一五）本阿弥光悦は徳川家康から鷹ヶ峰一帯の地を拝領した。このとき光悦と親交のあった勝重は、この地は丹波などから不審者が京に潜入しやすい間道《かんどう》の地、用心のためにできるだけ広い土地を下げ渡してしまった方がと、光悦に有利なように家康に進言したといわれている。この結果、光悦は拝領した鷹ヶ峰一帯の地に法華《ほっけ》信者が集い、芸術家が作家活動に専念できる里《さと》をつくり上げ、作陶・漆芸・書などの世界に優れた作品を生み出していった。

大久保彦左衛門と本禅寺

天下の御意見番大久保彦左衛門と江戸っ子一心太助。二人の織りなす世直し人情譚は、かつて講談の世界で一世を風靡した人気者であったが、いまは水戸の黄門サンに席を譲って、京の本禅寺で一族の者たちと眠っていた。

本禅寺の境内墓地に整然と並ぶ大久保一族の墓塔㊨と、墓列に向かい合って建てられている大久保彦左衛門忠教の墓㊧。いずれも〈送骨〉〈分骨〉を伝える文書が残された由緒ある墓である

京都に眠る大久保彦左衛門

江戸城総登城の日、神田佐久間町《さくまちょう》で魚屋を営む江戸っ子一心太助《いっしんたすけ》の担ぐ盥《たらい》桶に乗って、堂々と登城する天下の御意見番・旗本の大久保彦左衛門忠教《ただのり》。正しいと信ずれば、将軍家に対しても憚《はばか》ることなく直言《ちょくげん》。老中《ろうじゅう》・若年寄《わかどしより》など幕閣の重臣たちに対しても遠慮はない。

とにかく曲がったことが大嫌いの頑固な老人と、歯切れのよい江戸っ子一心太助の二人の織りなす痛快無比の勧善懲悪《かんぜんちょうあく》・世直し譚《たん》は、かつて〈講談《こうだん》〉の世界で一世《いっせい》を風靡《ふうび》したものだったが、いまでは助《すけ》さん・格《かく》さんを連れて悪を懲《こ》らしめながら諸国を旅して歩く天下の副将軍水戸の黄《こう》門《もん》様に、すっかりお株を奪われてしまったようである。

ところで、水戸の黄門様こと水戸光圀《みつくに》公も大久保彦左衛門も、共に実在した人物。とりわけ大久保彦左衛門は京の上京区寺町通広小路上ルにある法華宗《ほっけしゅう》別院本山・光了山本禅寺《こうりょうさんほんぜんじ》の境内墓地で、大久保家一族の者たちと共に眠っていた。

改易された譜代の一族

大久保家は代々徳川家に仕えて来た譜代《ふだい》の家臣。永禄《えいろく》三年（一五六〇）に生まれた彦左衛門も、天正《てんしょう》三年（一五七五）十六歳のときから徳川家康に仕えはじめ、翌年、兄忠世《ただよ》とともに初陣《ういじん》。以来、家康とともに戦場を駆けめぐっていた。

天正十八年（一五九〇）兄忠世が家康より小田原城主四万五千石に任じられたとき、彦左衛門も、そのうちの二千石を分与《ぶんよ》されていた。三十一歳のときである。

ところが、慶長《けいちょう》十九年（一六一四）忠世の後を継いで、将軍秀忠《ひでただ》を補佐していた忠隣《ただちか》が、家康の側近《そっきん》本多正信《まさのぶ》の讒訴《ざんそ》によって突如改易《かいえき》されたとき、累《るい》は一族に及んだ。このとき家康は彦

天明大火後に再建された本禅寺の本堂㊤は火除けのために全面に漆喰を塗った珍しい建物。鐘楼㊨に下がる梵鐘は大坂夏の陣の陣鐘となった鐘

左衛門を駿府に呼んで長年の労をねぎらい、新たに三河額田郡千石の地を与えていた。彦左衛門五十五歳のときである。

家訓の書『三河物語』

三河以来、徳川家に仕え、家康の覇業《はぎょう》に貢献、幕閣の要員として重用されて来た大久保一族に、不遇《ふぐう》の時代が到来した。

家康は特別に彦左衛門だけには千石を与えて鎗奉行《やりぶぎょう》に任じ、秀忠ものちに千石を加増して旗《はた》奉行に任じていた。だが、彦左衛門は納得のいかない改易の理由に加えて、ややもすると天下安穏《あんのん》のあまり、安逸《あんいつ》に流れはじめている最近の世相など、激しい戦火をかいくぐって来た、戦場生き残りの旗本《はたもと》にとっては、どうしても許せなかった。

彦左衛門は、その憤懣《ふんまん》を〈家訓《かくん》の書〉という形で子孫たちに書き残した。『三河《みかわ》物語』三巻である。主家である徳川将軍家の由緒や代々の事跡はもとより、大久保家一族がこの主家に仕えて来た経歴と業績を細かく記録、将軍家に対しては滅私奉公《めっしほうこう》・忠誠心を失うことなく励み、いささかの心得違いもなきようにと諭《さと》していた。だが、文中行間から滲《にじ》み出ていたのは、時勢に追随《ついずい》することなく頑に意地を押し通す古武士・彦左衛門の姿であった。この気骨ある古武士の生き様が人々に親しまれ、とりわけ講談の世界に入ってからは〈天下の御意見番大久保彦左衛門〉となり、庶民の喝采を浴びた人気者になっていた。

彦左衛門寄進の梵鐘

彦左衛門が没したのは寛永十六年(一六三九)二月晦日《みそか》(二十九日)。八十歳であった。

本禅寺の境内墓地に、大久保家一族の墓塔が整然と並んでいる。その列を見守り、見渡すかのように、向かい合って彦左衛門の墓があった。石垣をめぐらせた五輪塔で、基壇の石の正面右手に「大久保彦左衛門尉《じょう》」左手に「了真院殿日清尊霊」と法名が刻まれている。建立したのは彦左衛門の子息大久保平助。

彦左衛門以下大久保一族の墓は旧領地であった三河国額田郡尾尻村(愛知県岡崎市竜泉寺町前田)の長福寺《ちょうふくじ》にもあるが、いずれも本禅寺との間で分骨埋葬されたものである。

なお、境内の鐘楼に釣り下る梵鐘は、かつて大坂生玉社《いくたましゃ》(現・生国魂《いくくにたま》神社)の神宮寺であった法案寺《ほうあんじ》の梵鐘で、慶長二十年(一六一五)大坂夏の陣の際に、徳川家康が陣鐘《じんしょう》として使用したものを、彦左衛門が拝領、大久保家の菩提寺本禅寺に寄進したものである。

中井正清と長香寺

豊臣家の大工頭であった中井正清。関ケ原後は徳川家康に仕えて、家康の豊臣潰しに加担。戦後は茶屋四郎次郎らとともに〈六本槍の衆〉という、幕閣内部に影響力をもった側近のひとりに納まっていた。

中井大和守正清㊧とその妻㊨の見事な墓塔。一帯には一族の人たちの墓が整然と並ぶ

長香寺の入り口山門。創建後、天明・元治の大火で類焼するも、その都度再建されて今日に至る。中井家は維新後東京に移るが、いまも熱心な参詣と供養が続いている

豊臣家の大工頭中井正清

慶長《けいちょう》十六年（一六一一）三月二十八日、この日、大坂城を出た豊臣秀頼《ひでより》（十九歳）は、上洛して二条城にいる徳川家康を訪ねて対面した。これまで家康が秀頼を訪ねこそすれ、秀頼の方から家康を訪ねたことはいち度もなかった。そのため、史家の多くは、この日を豊臣家と徳川家の立場が逆転した「主従逆転の日」と捉えていた。

無事対面を終えた秀頼は、加藤清正《きよまさ》、浅野幸長《よしなが》に警護されて、父秀吉が祀られている阿弥陀《あみだ》ヶ峰の豊国《とよくに》神社へ向かった。その途中で一行は方広寺《ほうこうじ》大《だい》仏殿《ぶつでん》の普請《ふしん》現場を視察した。慶長七年（一六〇二）に焼失した方広寺大仏殿の跡地では、慶長十三年（一六〇八）以来、再建の準備に取りかかり、この日、立柱《りっちゅう》・上棟《じょうとう》に向けて全国各地から集められて来た木材の刻《きざ》み、切り込みの作業が急ピッチで進んでいた。

秀頼は現場で大工の棟梁《とうりょう》中井《なかい》正清《まさきよ》から進捗《しんちょく》状

況の説明を受けたあと、正清の労をねぎらって銀子《ぎんす》二百枚を贈った。中井正清は天正《てんしょう》十一年（一五八三）の大坂城築城のときから秀吉に仕え、豊臣家の大工頭《だいくがしら》として、秀吉から〈大和守《やまとのかみ》〉に任じられていた人物である。

家康の豊臣潰しに加担

ところが、中井家の家伝史料『中井家系譜《けいふ》』をみると、永禄《えいろく》八年（一五六五）大和（奈良）で生まれた正清は、天正十六年（一五八八）に家康に二百石で召し抱えられたと記録している。だが、実際に家康に仕えはじめたのは慶長六年（一六〇一）からのことで、翌慶長七年（一六〇二）関ヶ原の合戦で傷んだ伏見城本丸の修復工事に関わっていた。正清は徳川家を憚《はばか》り、秀吉の時代のことは自らの手で封印《ふういん》し、消去《しょうきょ》してしまったようである。

そして、慶長十九年（一六一四）方広寺大仏殿が竣工《しゅんこう》して落慶法要《らっけいほうよう》を目前にした七月二十六日、家康が梵鐘《ぼんしょう》の銘文《めいぶん》「国家安康」の字句をめぐって、豊臣家に対して無理難題を言い出したとき、中井正清もまた上棟の棟札《むなふだ》に大工の棟梁の名前が記されていないと言いがかりをつけて、家康に加担した。

そして、その年十月、大坂冬の陣が起こって、大坂城への一斉砲撃《ほうげき》がはじまると、正清は砲撃の効果を高めるために、大坂城の絵図面を家康に差し出していた。

大規模作事が相ついで

　中井正清は関ヶ原後の慶長六年（一六〇一）、家康に取り立てられて五畿内・近江六ヵ国の大工《だいく》・大鋸《おが》の支配に任ぜられてからというもの、伏見城・二条城・駿府城《すんぷじょう》・方広寺大仏殿・名古屋城・仙洞御所《せんどうごしょ》・内裏《だいり》・久能山廟《くのうさんびょう》・日光山廟など、幕府の重要な作事《さくじ》工事のすべてに関わっていた。

　この結果、正清もまた茶屋四郎次郎たちと同様に、家康の側近たちの中でも最も影響力をもった〈六本槍の衆〉のひとりに数えられ、幕閣内部で隠然たる権勢を振るっていた。

　だが、元和《げんな》二年（一六一六）四月、家康が没してからは久能山廟に次いで日光山廟と、霊廟造営の重要な作事が続いたために、正清も体調を崩してしまったようである。元和五年（一六一九）一月、京に戻って療養に専念すべく江戸を立ったが、近江国水口宿《みなくちしゅく》まで来て没していた。享年五十五歳。

中井家の菩提所長香寺

　中井正清は京の下京区高倉通松原下ルにある浄土宗の寺・長香寺《ちょうこうじ》の境内墓地で眠っていた。法名・浄樹院宗徹道意。

　長香寺は慶長十年（一六〇五）の頃、駿府城で家康の御側女中《おそばじょちゅう》を務めていたオコチャが、京都に一寺を建立したいと願い出て、その願いを聞いた家康は京の所司代板倉勝重《しょしだいいたくらかつしげ》に連絡、勝重は家康の特命とあってすぐさま寺地を選び、幕府金座の頭《かしら》後藤庄三郎《しょうざぶろう》光次《みつぐ》に費用を、正清が普請を担当することで、早速造営工事を開始した。ところが、慶長十二年（一六〇七）十二月、肝心のオコチャが没してしまったために工事は中断、そこで正清は、この寺を中井家代々の菩提所とすることで工事を再開、折から再建工事中であった方広寺大仏殿の現場から余材を流用するなどして寺を完成させたと伝えている。

　創建当時は「東西五十二間、南北二十九間」、広い境内に本堂・書院・庫裏《くり》などが並んでいた。そして享保《きょうほう》十一年（一七二六）には、一族の中井八左衛門利清《としきよ》の娘（お紋《もん》の方）が紀州徳川家に入って、生み落とした子がのちに八代将軍徳川吉宗となったことから、長香寺は将軍の外祖父《がいそふ》の墓所として幕府より祠堂金《しどうきん》五百両が下賜されるなど、正清が菩提所として建立した長香寺は、江戸時代格式を誇る寺であった。

茶屋四郎次郎と大谷祖廟

本能寺の変の際、徳川家康の〈伊賀越え〉の危機を救った茶屋家の祖四郎次郎清延。〈政商・御用商人〉の域を超えて〈六本槍の衆〉と幕閣内に隠然たる権勢を誇った三代目四郎次郎清次。父子揃って東大谷に眠っていた。

高い基壇の上に立つ父清延の墓㊧の前で、基壇も笠石もなく、まるでぬかずいているかのような簡素な清次の墓㊨

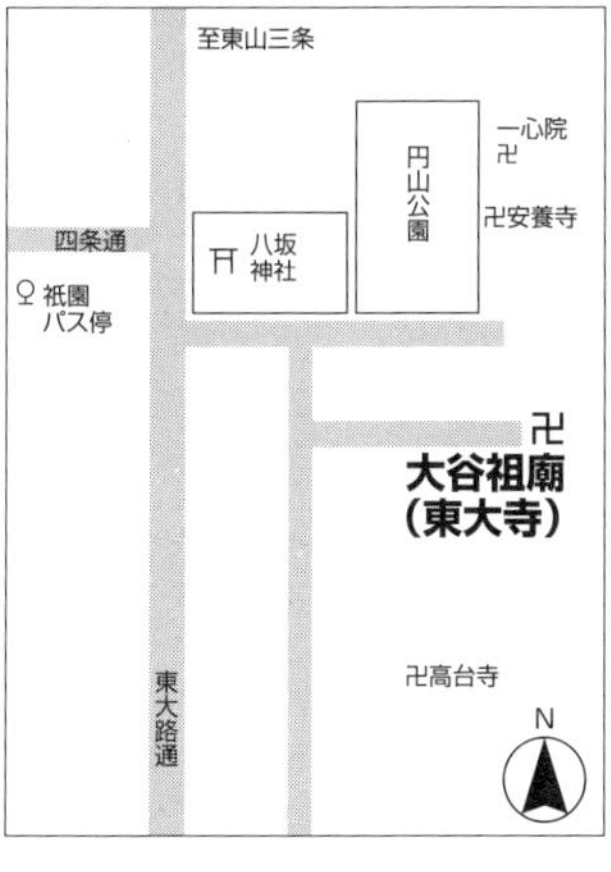

放鷹先まで訪れた側近

元和《げんな》元年（一六一五）五月八日、大坂夏の陣で豊臣家を倒して天下を掌中《しょうちゅう》にした徳川家康は、戦後処理を済ませると、八月四日二条城を立って隠居先の駿府城《すんぷじょう》（静岡）に戻っていった。そして年が明けると、目の上のこぶを取り払ってすっきりしたのか、家康は好きな放鷹《ほうよう》（鷹狩《たかが》り）に明け暮れていた。

東本願寺の大谷祖廟

元和二年（一六一六）一月二十一日、この日も家康は早朝駿府城を立って、藤枝《ふじえだ》の郊外、田中の地に来て放鷹をはじめていた。

昼をすぎた頃である。駿府城の用人に案内されて客人《きゃくじん》が来た。客人はこの日年賀のために駿府城を訪れたが、家康不在と聞いて、放鷹先まで城方《しろかた》の者に案内させて訪ねていた。

当時、家康の周辺には亀屋栄任《かめやえいにん》・後藤庄三郎《ごとうしょうざぶろう》光次《みつつぐ》・中井大和正清《なかいやまとまさきよ》・永井右近直勝《ながいうこんなおかつ》たち〈六本槍《ろっぽんやり》の衆《しゅう》〉といわれた側近《そっきん》衆がいた。この日訪ねて来たのは、そのひとり茶屋《ちゃや》四郎《しろう》次郎《じろう》清延《きよのぶ》の子清次《きよつぐ》である。

初代清延を超えた三代清次

茶屋四郎次郎清延は、天文《てんぶん》十一年（一五四二）生まれの家康と同い年ということもあって、早くから徳川家出入りの御用商人として家康に仕え、合戦に必要な軍需物資《ぐんじゅぶっし》や食糧などの調達に当たっていた。

そして、天正《てんしょう》十年（一五八二）本能寺の変の際には、いち早く信長の死を堺に滞在していた家康に知らせ、伊賀越《いがご》えをして三河《みかわ》に帰る家康の危機脱出を手助けしたばかりか、上方の情報を収集して逐一《ちくいち》家康に報告するという諜報《ちょうほう》活動にも手を染めていたようである。

没したのは慶長《けいちょう》元年（一五九六）閏《うるう》七月二十七日、享年五十五歳。後を長男清忠《きよただ》が継いだが、早世したため次男の清次が三代目四郎次郎を継いでいた。

清次は、家康に命じられて長崎代官《だいかん》の補佐役・副官として長崎に赴き、長崎貿易や朱印船《しゅいんせん》貿易に従事。その一方で、長崎市内のキリシタンの動向を監察《かんさつ》したり、徳川家の日用品・軍需物資調達という茶屋家本来の仕事に励み、父清延が築き上げた〈政商・御用商人〉の地位をはるかに超えた〈六本槍の衆〉のひとりとなって、幕閣内に隠然たる権勢を誇る側近となっていた。

清次の勧めで家康発病

駿府城の用人に案内させて藤枝田中の放鷹先まで来た四郎次郎清次は家康に対面した。そし

京都府庁の裏手、小川通出水上ルにある茶屋四郎次郎邸跡の石標

て、その日の夜、清次は家康の招きで藤枝田中城に宿泊した。話は尽きなかったようである。雑談するうちに、最近上方《かみがた》で南蛮渡来《なんばんとらい》のテンプラが流行《はや》り出していて、鯛《たい》や魚の切り身を榧《かや》の油で揚げて、それに薤《らっきょう》をすりかけて食すると、それはそれは美味《びみ》だという清次の話を聞いて、家康は興味を抱いた。早速大鯛二尾、甘鯛三尾を取り寄せて調理をさせた。食した家康は「いとよき風味なり」と、箸《はし》を運ぶうちに摂《と》りすぎてしまったようである。（『徳川実記《とくがわじっき》』）

　その日夜半すぎになって、家康は激しい腹痛と下痢《げり》に襲われて七転八倒。このときは万病丹《まんびょうたん》三十粒、銀液丹《ぎんえきたん》十粒を服用して（『本光国師日記《ほんこうこくしにっき》』）、取りあえずは治まったようだが、このことが発端となって、家康はこの年元和二年（一六一六）四月十七日に病没してしまうのである。

このとき清次は、いったん毒殺の嫌疑《けんぎ》を受けて駿府の地に禁足《きんそく》されたが、このことを知った家康は直ちに清次を放免《ほうめん》、なにごともなかったように側近くに侍《はべ》らせていた。父清延同様、家康から絶大な信頼を寄せられていた清次である。

東大谷に眠る茶屋家の人々

朱印船貿易を始めて安南国交趾《あんなんこくコーチ》と交易をするなど、父清延を超えた清次の活躍によって、茶屋家は幕閣並みの権勢を誇る政商となった。そして〈徳川御三家〉が誕生すると、弟新四郎（清延の三男）を尾州茶屋家として、同じく弟小四郎（清延の四男）を紀州茶屋家として送り込み、徳川将軍家をはじめ御三家の御用商人として茶屋家繁栄の礎《いしずえ》を築き上げていた。

元和八年（一六二二）、京の自宅（小川通出水上ル・茶屋町）で体調を崩した清次は、治療のため江戸に赴き、御典医岡本玄治《ごてんいおかもとげんじ》の治療を受け、将軍徳川秀忠より再三見舞いを受けたりしていたが、その年七月十六日、四十歳の若さで病没してしまったのである。

清次はいま、大谷祖廟《おおたにそびょう》の東部墓地にある父清延（法名・久本院清延日實）の墓の傍らで、清次の子で四代目を継いだ道澄（善淳院道澄日竟）と向かい合って眠っている。法名儒善院道情白義。

神龍院梵舜と吉田家墓所

天正十一年（一五八三）三十一歳のときから寛永九年（一六三二）八十歳の年まで、五十年書き綴られた日記によって、慶長時代に創建された豊臣秀吉を祀った豊国神社の悲惨な歴史が明らかになった。しかも書き残したのは神社の別当であった人物である。

吉田家墓所に眠る梵舜の墓。埋葬された墓所の周囲を2段に石囲いして中央に僧形石《そうぎょうせき》の墓塔と榊《さかき》を植えた吉田家独特の葬法。墓前に立つ石標に朝廷より梵舜が下賜された「日峯舜公座元禅師」の禅師号《ぜんじごう》が刻まれている

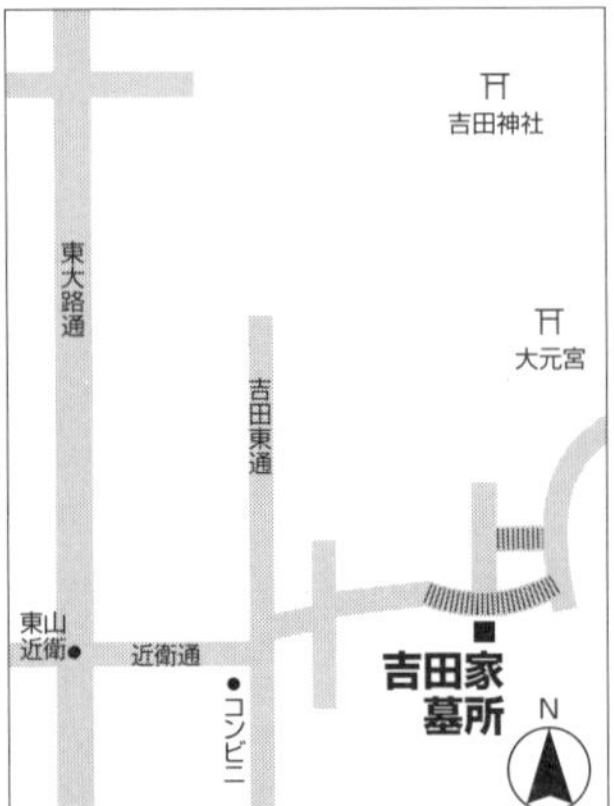

驚キ入リ立チ上ル

慶長二十年（一六一五）五月八日の大坂夏の陣で、大坂城は炎上して落城、豊臣秀頼は討たれて豊臣家は滅亡した。

東山・阿弥陀《あみだ》ヶ峰にある豊国《とよくに》神社の別当《べっとう》（執事長）神龍院梵舜《しんりゅういんぼんしゅん》は戦さの結果を知って落ち着きを失っていた。この神社に祀られているのは豊臣家の始祖・豊臣秀吉である。時世は豊臣から徳川へ、すっかり変わる。

〈徳川の世に豊国神社は、最早無用か〉

梵舜は、慌《あわただ》しく動き出した。豊国神社の安泰を願って、亀屋栄仁《かめやえいにん》・後藤庄三郎《ごとうしょうざぶろう》・永井直《ながいなお》勝《かつ》・板倉勝重《いたくらかつしげ》・金地院崇伝《こんちいんすうでん》など、家康に重用《ちょうよう》されている側近衆を回って精力的に根回《ねまわ》しを始めた。

その間に〈豊国神社の社領《しゃりょう》半減か〉との町の噂も飛び込んで来た。社寺の知行《ちぎょう》は通常一、三百石《こく》という時代に、豊国神社は一万石。豊臣家が威信《いしん》を賭《か》けた神廟《しんびょう》であった。

〈半減もまた止むを得ないか〉

ところが、七月九日、徳川家康は二条城に南光坊天海《なんこうぼうてんかい》・金地院崇伝・板倉勝重の三人を集めて、豊国神社取り潰しの決定を下した。この知らせは、その日、崇伝よりの内証の使いが来て梵舜に伝えられた。

「伝長老《でんちょうろう》（崇伝）ヨリ内証ノ使来ルニヨリ驚キ入リ立チ上ル、中々是非《なかなかぜひ》無キ也《なり》」

梵舜は、この日の日記に、そう書き綴っている。類《るい》をみない非情《ひじょう》の沙汰《さた》に、梵舜は思わず「驚キ入リ立チ上」っていた。

僧侶、そして神道家梵舜

神龍院梵舜が生まれたのは天文二十二年（一五五三）七月三日。吉田神社の社家吉田家の四十九代目吉田兼見《かねみ》の弟として生まれている。古くから吉田家では長男が家督《かとく》を継ぎ、次男は僧侶となって吉田家の氏寺《うじでら》神龍院の庵主《あんじゅ》になった。梵舜も僧籍に入り、氏寺神龍院を預《あず》かって神龍院梵舜と名乗り、吉田家一門の法事・法務を務めていた。だが、非凡《ひぼん》な才能の持ち主であったようで、庵主のかたわら、吉田家に代々伝えられて来た神道書など蔵書類をつぎつぎと読破、写本をつくり、諸本を校合《こうごう》するなど、僧侶ではあったが、家学の神道にもかなり精通《せいつう》した神道家でもあった。

吉田山の神葬墓地の一角にある吉田家一族の眠る吉田家墓所（非公開）

その梵舜が四十七歳となった慶長四年（一五九九）、豊国神社が創建

されると、兄兼見とともに豊国神社の創建に参画、萩原兼従《はぎわらかねより》が十二歳で宮司になると、梵舜は別当として兼従を支えていった。

貴重な記録梵舜の日記

梵舜は三十一歳になった天正十一年(一五八三)の年から、病没する寛永九年(一六三二)十一月までの五十年にわたって日記を書き綴っている。原題は『舜旧記《しゅんきゅうき》』とあるが、一般には『梵舜日記《ぼんしゅんにっき》』と呼ばれている。

この日記の中に、慶長三年(一五九八)に秀吉が没し、豊国神社が創建されて正遷宮祭《せいせんぐうさい》や慶長九年(一六〇四)の臨時祭が盛大に催されたこと、関ヶ原の合戦を経て、方広寺大仏殿《ほうこうじだいぶつでん》の梵《ぼん》鐘《しょう》事件が起こり、大坂冬の陣・夏の陣を体験して、豊臣家の滅亡を目の当たりにしたこと、元和《げんな》元年(一六一五)の家康による豊国神社第一次破却《はきゃく》、そして元和五年(一六一九)の天台宗《てんだいしゅう》の門跡寺《もんせきじ》妙法院《みょうほういん》による第二次破却という悲惨《ひさん》な出来事に遭遇《そうぐう》して、豊国神社が阿弥陀ヶ峰から姿を消したこと、そのため梵舜は秀吉の神体を吉田の自邸神龍院内に移して「鎮守大明神《ちんじゅだいみょうじん》」と名を変えて祀り続けていたことなどが、詳細に記録されていたのである。

梵舜が書き残した日記『舜旧記』は、豊国神社の別当という当事者の書き綴った豊国神社の栄枯盛衰《えいこせいすい》を物語る、唯一貴重な史料であった。

秀吉に殉じた梵舜

梵舜はいま吉田山にある吉田家墓所で眠っている。五十年の長きにわたって書き綴って来た梵舜の日記も、寛永九年(一六三二)十月一日まで来て、病気のため筆を取ることも出来なくなってしまったようである。この後の日記は、梵舜の傍に仕えていた者が、折に触れて書き綴っていく。そして十一月、どこの神社でも〈お火焚《ひた》き〉が行われている。神々に新穀《しんこく》を調理して献ずる新穀感謝の重要な神事である。かつて阿弥陀ヶ峰の豊国神社でも、吉田の鎮守大明神でも毎年十一月十八日には、赤飯を炊いて祝いを行なっている。この日梵舜は、奇《く》しくも秀吉の月《つき》命日《めいにち》にあたった十八日に、秀吉に新穀を献じて祝いを行なったあとで忽然《こつぜん》と逝《い》った。

慶長四年(一五九九)、豊国神社創建以来三十四年間、死後の秀吉に深く関《かか》わり、神廟《しんびょう》破却後も秀吉の神霊《しんれい》を守り続けて、まるで秀吉に殉《じゅん》じたような生涯である。このとき梵舜八十歳であった。

萩原兼従と神海霊社

豊臣秀吉を神に祀った豊国神社は社領一万石の大社。神官・巫女・神楽衆など百人を超える社人たちがいて、宮司を務めていたのは萩原兼従。大坂夏の陣後、家康に職を解かれた兼従は吉田に戻り神道家として大成。いま神海霊神となって吉田山で眠っている。

萩原兼従卿画像。会津の土津《はず》神社（会津藩主保科正之《ほしなまさゆき》を祀る）の所蔵であったが、現在は流出して行方不明である

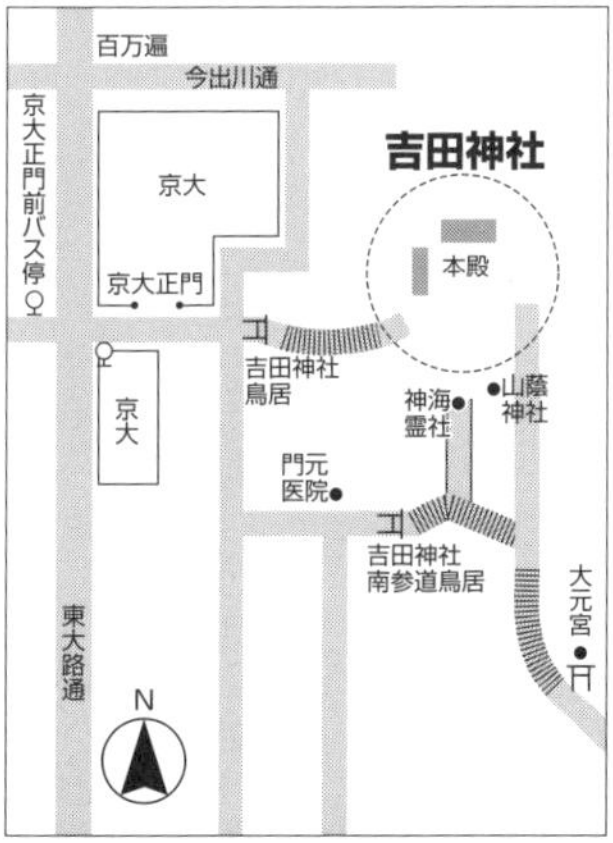

秀吉を祀った吉田家

豊臣秀吉は慶長《けいちょう》三年（一五九八）八月十八日に伏見城で亡くなっている。当時、朝鮮の役《えき》の最中とあって、秀吉の死は厳重に伏され、遺体はその日の夜半、秘かに伏見城より運び出されて、東山の阿弥陀《あみだ》ヶ峰に埋葬されている。

そして半月後、その西の麓に神になりたいという秀吉の遺言に従って社殿の造営がはじまり、翌四年（一五九九）四月十八日に豊国大明神《とよくにだいみょうじん》の神号《しんごう》で秀吉を神に祀った豊国神社が創建されている。

このとき神事行法《ぎょうほう》を司《つかさど》ったのは、京の吉田山にある吉田神社の宮司を代々務めて来た吉田家の第四十九代吉田兼見《かねみ》と、その子兼治《かねはる》（第五十代当主）である。

ところが、当時吉田家は吉田神社ばかりか、日本全国の神社・神官を統轄《とうかつ》する吉田神道の宗《しゅう》家《け》であった。そこで翌慶長五年（一六〇〇）一月、兼見は兼治の長男兼従《かねより》を分家させて、豊国神社宮司職の家を興すことにした。だが、このとき兼従はまだ十二歳であったために、兼見の弟の神龍院梵舜《しんりゅういんぼんしゅん》（吉田家の氏寺《うじでら》神龍院の主）を後見人に当てて、兼従を教導《きょうどう》していくことにした。

兼従の元服と結婚

兼従は祖父兼見と大叔父《おおおじ》梵舜のふたりから社務職に相応《ふさわ》しい教育を受けながら神道家として

萩原兼従を〈神海霊神〉の神号で神に祀った「神海霊社」。この社殿下に兼従は眠っている。吉田神道独特の神葬の一例である

藤原氏の氏神社奈良の春日社を京の吉田山に勧請して来た藤原山蔭卿を祀った社。包丁《ほうちょう》の神・料理の祖神として崇敬されている

大成していく。

豊国神社は創建の翌年慶長五年（一六〇〇）関ヶ原の合戦が起こって徳川方が勝利。そのため秀吉を祀った神社とあって、前途に不安が生じたが大禍《たいか》なく、慶長九年（一六〇四）兼従元服の時には、家康より兼従に、豊国社家のお墨付《すみつき》が与えられていた。

そして三年後の慶長十二年（一六〇七）、兼従は秀吉の正室《せいしつ》であった北政所《きたのまんどころ》の甥《おい》・木下勝俊《かつとし》（のちの歌人長嘯子《ちょうしょうし》）の娘と結婚、なぜか〈萩原《はぎわら》〉姓を名乗り〈萩原兼従〉となった。

だが、この後、兼従に悲劇が襲った。慶長十五年（一六一〇）九月に祖父兼見が亡くなり、慶長二十年（一六一五）五月には大坂夏の陣で豊臣家が滅亡してしまったのである。

豊国神社破却後の兼従

豊臣家を倒した家康は、三ケ月ほど経った七月九日、豊国神社全面取り潰しの決定を下した。だが、このとき北政所の懸命な嘆願があって、本殿などの立ち並ぶ内苑部は今後手を加えずそのまま放置、ただし外苑部はすべて取り潰しに沙汰《さた》が変わった。そして百人近くいた神官・社人たちは知行《ちぎょう》を没収されて豊国神社を逐《お》われた。宮司兼従、別当《べっとう》梵舜とて同じである。このとき家康は梵舜に神宮寺を与え、兼従には従来通り千石の知行を与えて職を解いただけである。兼従二十八歳。兼見によって興《おこ》された豊国神社社家萩原家は兼従一代で終わっている。

豊国神社を逐われた兼従は、吉田神道家を継いでいた兼従の弟・兼英《かねひで》の後見を務めながら、梵舜より神道の伝授を受けて神道家として大成、水戸光圀《みつくに》（黄門《こうもん》）に招かれて水戸藩を訪ねて神道を講じたり、門弟の中から、のちに吉川《よしかわ》神道を創唱《そうしょう》する吉川惟足《よしかわこれたる》が出たり、近世の神道史上に大きな足跡を残していた。

この兼従の功績を称《たた》えて、後西天皇《ごさいてんのう》は、兼従の子の員従《かずより》の時代になって萩原家を公卿《くぎょう》家《け》に取り立て屋敷地を下賜されていた。

吉田山に眠る神海霊神

兼従が没したのは万治《まんじ》三年（一六六〇）八月十三日、七十三歳。

兼従はいまも吉田山で眠っている。吉田神社の本殿前広場から斎場所大元宮《さいじょうしょだいげんぐう》に向かう参道の途中に、料理の神といわれている藤原山蔭卿《やまかげきょう》を祀った山蔭神社がある。その西、一段下の山《やま》裾《すそ》奥に、兼従を〈神海霊神《かうみれいじん》〉の神号で神に祀った「神海霊社《かうみれいしゃ》」がある。兼従の遺体を埋葬した上に立てられた社殿で、墓所でもある。

社前に立つ石鳥居は万治三年（一六六〇）熊本宇土《うど》藩主《はんしゅ》細川行孝《ゆきたか》が、手洗石は寛文《かんぶん》元年（一六六一）石清水八幡宮《いわしみずはちまんぐう》の祠官《しかん》田中要清《ようせい》が寄進したもので、兼従の門弟であった人たちである。

秀吉の神体・豊国大明神秘話

豊臣秀吉は慶長三年に没すると、豊国神社《とよくにじんじゃ》が創建されて、〈豊国大明神《とよくにだいみょうじん》〉の神号で、神となって祀られていた。

ところが、大坂夏の陣で豊臣家を倒した徳川家康は、秀吉を神の座から引きずり下ろして神号を剥奪《はくだつ》、豊国神社取り潰《つぶ》しの決定を下している。そして二度にわたる破却によって豊国神社は阿弥陀《あみだ》ヶ峰《みね》から姿を消した。

だが、このとき秀吉の神体は秘かに本殿内から運び出されて、吉田山に移されていた。

秀吉を抹殺して年号改元

慶長二十年（一六一五）五月、大坂夏の陣で秀頼・淀殿を討って豊臣家を滅亡させた徳川家康と秀忠のふたりは、この機会に反対勢力を一掃しようと、徹底した残党狩りをはじめている。

この厳しい残党追捕《ついほ》の網にかかって逮捕された者たちは、京に連行されて来て、日に二百人・三百人と、連日京の三条河原や六条河原で斬首されていたと、古記録は伝えている。

明治31年に修築された阿弥陀ヶ峰山頂にある高さ10mという巨大な秀吉の墓

そしてさらに、徳川家による一党支配をより強固なものとするために、〈武家諸法度《しょはっと》〉を公布して大名たちを封殺《ふうさつ》し、〈禁中並公家《きんちゅうならびにくげ》諸法度〉によって天皇・公卿家の自由を奪い、〈諸宗寺院法度〉によって寺院活動を規制するなど、〈法度〉を公布することによって、家康は国内の諸勢力を一挙におのれの支配下に組み入れてしまっていた。

こうして家康は反対勢力を一掃して、徳川家による支配体制を築き上げると、豊臣秀吉を神として祀っていた豊国神社の取り潰しを決定して秀吉までも抹殺《まっさつ》、豊臣時代の終焉《しゅうえん》と徳川時代の幕開けを宣言するかのように、年号を〈慶長〉から〈元和《げんな》〉へと改元した。

神の座から下ろされた秀吉

悲惨だったのは神となっていた秀吉である。秀吉は慶長三年（一五九八）に没すると、東山・阿弥陀ヶ峰に埋葬されて、翌慶長四年、その西の麓に豊国神社が創建されて、秀吉は神となって祀られていた。社領一万石の大社

本殿などが立ち並んでいた旧豊国神社内苑部の跡地

である。
ところが、家康は大坂夏の陣で豊臣家を倒すと、秀吉を神の座から引きずり下ろして、〈豊国大明神〉の神号を剥奪した。そして、豊国神社の全面取り潰しを決定すると、ただちに参道入り口にあった秀吉の最初の子棄丸《すてまる》〈鶴松〉の菩提所《ぼだいしょ》祥雲寺《しょううんじ》を智積院《ちしゃくいん》に下げ渡してしまい、方広寺大仏殿の住職の住む照高《しょうこう》院《いん》御殿は妙法院《みょうほういん》に下げ渡し、参道沿いに並んでいた諸大名の役宅の取りこわしをはじめている。

ところが、このとき高台寺に住む北政所ねね（秀吉の妻）が家康のもとに駆けつけていき、眠れる者にまで懲罰《ちょうばつ》とはあまりにもむごいと、懸命の嘆願を行っている。

この結果、家康は全面取り潰しの沙汰を撤回、外苑部分は取り潰すが、秀吉の眠る廟堂をはじめ、本殿などの立ち並ぶ内苑部分は、修理も加えず立ち腐れのまま残すことに沙汰が変わった。こうして豊国神社は後世にまで残されていくはずであった。

新日吉神宮境内にある樹下社。〈豊国神社〉の額が掲げられている

阿弥陀ヶ峰から吉田山へ

ところが、それから四年経った元和五年（一六一九）、家康から新たに方広寺大仏殿の住職に任じられた妙法院によって、北政所の嘆願によりせっかく残されてきた豊国神社の社殿は、秀吉の眠る山頂の廟堂だけを残して、つぎつぎと私的に取り潰されていってしまったのである。

このとき、豊国神社の別当《べっとう》（執事長）であった神龍院梵舜《しんりゅういんぼんしゅん》は、本殿内に祀られていた秀吉の神体をそのまま放置することなく、吉田山にある自邸神龍院内に運び出し、〈鎮守《ちんじゅ》大明神〉と名を替えて秘かに祀っている。秀吉の神体は阿弥陀ヶ峰から吉田山へと移されていたのである。

このことを知った北政所ねねは、このときから鎮守大明神に灯明料・神供料の寄進を続け、神龍院梵舜もまた毎月十八日（秀吉の月命日）の神事を終えると、神饌《しんせん》を北政所はじめ、片桐且元《かつもと》の弟貞隆《さだたか》などに進上している。

寛永元年（一六二四）北政所が高台寺で危篤状態に陥ったとき、この社頭で病気平癒の祈祷が行われ、寛永七年（一六三〇）秀吉三十三回忌の神事が秘かに営まれたのも、この鎮守大明神の社頭である。

よみがえった豊国大明神

明治維新後、神龍院は神仏分離令によって廃寺と決まるが、このとき鎮守大明神の秀吉の神体は、吉田山の山頂にある斎場所大元《さいじょうしょだいげん》宮《ぐう》に納められたといわれている。また一説には、吉田神道家の祖・吉田兼倶《かねとも》を祀った神《じん》龍社《りゅうしゃ》に納められたともいわれている。

だが、明治十三年（一八八〇）、明治天皇の勅命によって豊国神社が方広寺大仏殿の跡地に再興されたが、このとき秀吉の神体〈豊国大明神〉は、阿弥陀ヶ峰にある秀吉の墓所から新たに迎えられたものである。

今日、豊国廟参道（女坂《おんなざか》）の途中に新日吉《いまひえ》神宮があって、その境内にある樹下社《このもとしゃ》は豊国神社とも呼ばれ、「豊国社の神体が新日吉社の神殿にひそかに遷《うつ》しまつられました」（『新日吉神宮略記』）と、伝えている。

だが、豊国神社の参道上に新日吉社が建てられたのは、豊国神社が取り潰された元和五年（一六一九）の年から三十六年も経った明暦元年（一六五五）のこと。境内に樹下社が建てられて秀吉が祀られるようになったのは、元和五年の年から百六十六年も経った天明五年（一七八五）以降のことなのである。

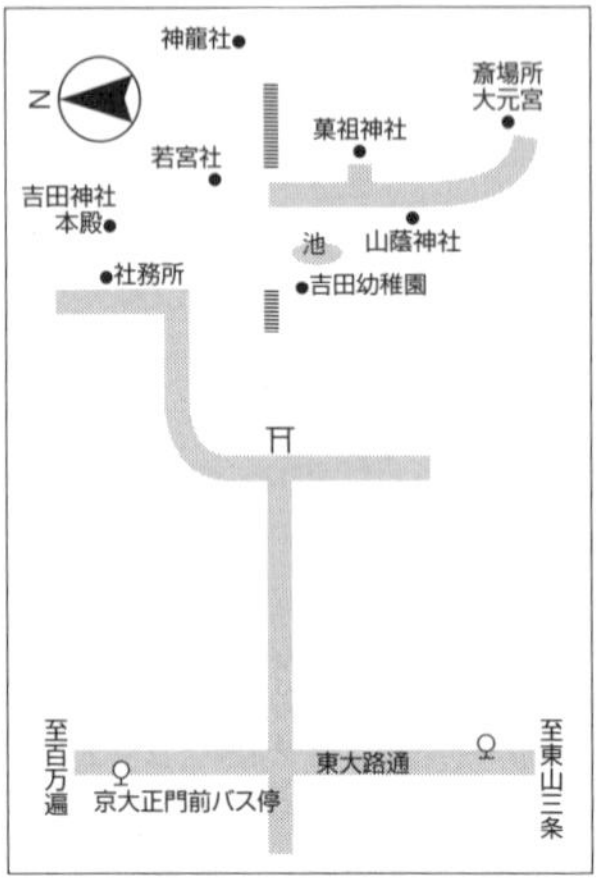

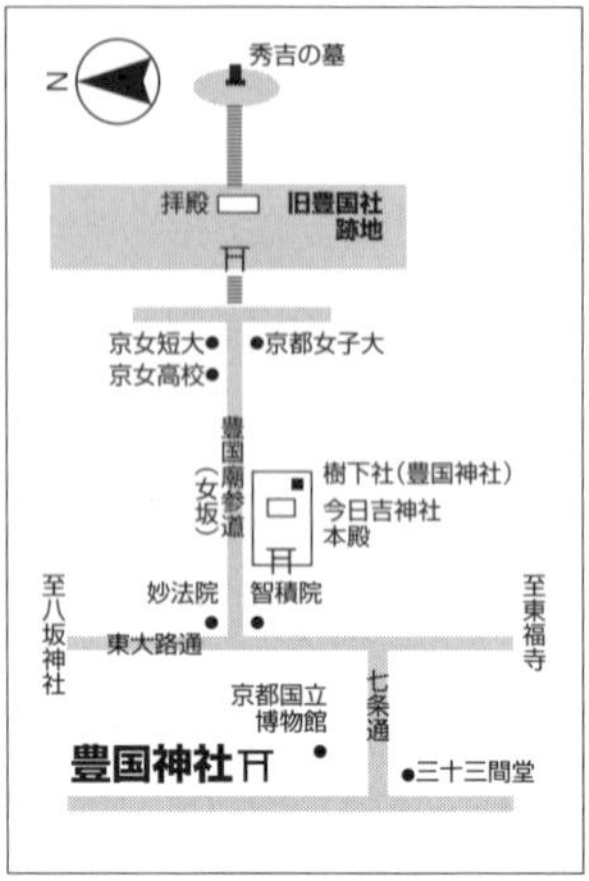

豊国神社の本殿前に立つ唐門は、旧伏見城の城門であった四脚門である

秀吉と利家編

―ふたりの絆を追って―

安土城時代の秀吉と利家

前田利家とまつの家族と木下藤吉郎秀吉とおねの家族は、利家と秀吉が同い年であり、それに清洲《きよす》や岐阜の城下で同じ侍《さむらい》屋敷に隣り合って住んでいたこともあって、かなり親密な付き合いをしていたといわれている。

ところが、その後秀吉は近江長浜に、利家は越前・能登へ、ともに家族を連れて赴任したため、離ればなれになっていくが、織田信長の最後の居城であった安土城の跡地からは、利家と秀吉の屋敷跡が向かい合って発掘されていた。

安土城築城の際に建立されたと伝えられている摠見寺《そうけんじ》楼門（仁王門）

織田信長と安土城の築城

織田信長は天正四年（一五七六）一月、丹羽長秀を普請奉行に据えて安土城の築城をはじめている。せっかちな信長である。まず自らの居館となる本丸の普請を急がせて、二月二十三日には早くも岐阜城から移り住んでいる。信長四十三歳のときである。

急峻な山腹を駆けのぼっている、信長の気性を映し出した一直線の〈大手道〉

そして陣頭に立って城内の石垣の構築などを指図、〈天主《てんしゅ》〉の造営をはじめている。五層七階、独創性に富んだ華麗な天主が竣工したのは三年後の天正七年（一五七九）五月十一日、信長はこの日から、この天主に移り住んでいる。

当時、〈近江を制する者は天下を制す〉といわれた時代。尾張・美濃・近江を制した信長は、早速近江の安土に城を築いて城下町をも開いていた。

ところが、安土に移り住んで六年、

天主が竣工して三年経った天正十年（一五八二）六月二日、信長は京の宿所本能寺で家臣明智光秀に襲われ、非業の死を遂げてしまったのである。四十九歳の生涯である。

利家と秀吉の六月二日

本能寺の変が起こった六月二日、前田利家は柴田勝家《しばたかついえ》、佐々成政《さっさなりまさ》とともに、北国越後の雄といわれた上杉景勝の支城《かげかつのしじょう》である越中の魚津城《うおつじょう》（富山県魚津市）を攻撃していた。激戦の末、ようやく三日に攻め落としたが、信長の訃報《ふほう》が届いて来たのは、その翌日四日である。

せっかく勝利したというのに、事態急変のため急遽全軍撤退を決めると、佐々成政は富山城に、前田利家は能登七尾城（石川県七尾市）に、柴田勝家は越前北庄城《きたのしょう》（福井県福井市）へと、それぞれ七日頃までには居城に戻って防備を固めた。

このとき七尾城に帰陣した利家は、北庄の柴田勝家のもとに使者を送って、光秀討伐のための出陣を進言した。だが、勝家は織田家きっての重臣だというのに、金沢城主佐久間盛政《もりまさ》たちの言を容れて事態静観を決めこんでいた。利家は焦ったが、勝家を出し抜くことはできなかった。

ところが、このとき、利家の朋友羽柴秀吉がいち早く光秀討伐に動き出していた。

六月二日、秀吉は山陽道にいて備中《びっちゅう》高松城の水攻めを行っていた。主君信長の訃報を耳にした秀吉は、すぐさま敵方毛利輝元軍と和議を結び、信長の弔《とむら》い合戦のために昼夜兼行で軍を引き返したのである。史上有名な〈中国大返し《おおがえし》〉である。

大手道の上方から下方を望む。側溝に渡した右手の石橋は秀吉邸入口、左手石橋は利家邸の入口

そして、息つぐ間もなく六月十三日、秀吉は山崎の地で光秀に弔い合戦をいどみ、瞬時のうちに撃破してしまったのである。

仲睦まじい二つの家族

利家と秀吉は、主君織田信長より三歳若い天文六年(一五三七)生まれの同い年である。

利家の父利昌《としまさ》は織田家に仕え、尾張の荒子城《あらこじょう》(名古屋市中川区荒子町)を預かる武将で、利家はその四男として生まれていた。

その利家が、前田家に四歳のときから養女に来ていたまつと結婚したのは永禄《えいろく》元年(一五五八)利家二十二歳、まつ十二歳のときである。

秀吉とおねが結婚するのは、それから三年経った永禄四年(一五六一)秀吉二十五歳、おね十四歳のときである。まつは天文十六年(一五四七)の生まれ、おねは翌十七年の生まれで、まつの方が一歳年上であった。

この二つの家族は、結婚当初から信長から与えられた

利家邸から大手道をはさんで向かいの秀吉邸を望む

侍《さむらい》屋敷に、いつも隣り合わせで住んでいたといわれている。仲睦まじい家族である。

だが、出世については秀吉の方が先んじていた。秀吉が信長から近江長浜城十八万石を与えられて一国一城の主となったのは天正二年（一五七四）である。

利家は、翌天正三年に佐々成政、不破《ふわ》光治《みつはる》の三人で領有するようにと越前二郡十万石を与えられ、〈府中《ふちゅう》三人衆〉として柴田勝家の配下に組み入れられていた。その利家が、ようやく能登七尾城二十万石を与えられて一国一城の主となったのは、本能寺の変の前の年天正九年であった。

安土の城下でも離れずにいた

本能寺の変の知らせが安土に伝えられたのは、その日の午前十時頃。城内は大混乱に陥り、逃亡する者が続出した。留守居の近江日野《ひの》城主蒲生賢秀《がもうかたひで》は信長の側室や子女たちを急遽日野城に避難させている。

明智光秀がなんの抵抗もなく安土城に入城したのは六

月五日。天主に残されていた金銀財宝を惜しげもなく家臣たちに分け与えると、老臣明智秀満《ひでみつ》に留守居を命じて、ふたたび光秀は上洛した。

ところが六月十三日、山崎の合戦で秀吉が勝利すると、信長の二男信雄が安土城を奪回するため、十四日安土城下に攻め入っている。このとき、織田軍が火を放ったとも、明智秀満が退《たい》却《きゃく》の際に放火したともいわれて定かではないのだが、信長の築いた安土城はこのとき炎上して灰燼《かいじん》に帰してしまったのである。

現在、安土城の跡地では、平成元年の年から二十年計画で発掘調査が進められていて、信長の築いた壮大な安土城の全容が姿を見せはじめている。山頂の本丸・天主に向かって見事な〈大手道《おおてみち》〉が一直線に山腹を駆けのぼっている。ところが、この安土の城下でも、秀吉と利家は離れずにいた。この大手道をはさんで羽柴秀吉邸と前田利家邸とが向かい合って発掘されていたのである。

聚楽第と加賀藩前田家の誕生

天下の覇権を賭けた〈賤《しず》ヶ《が》岳《たけ》の戦い〉で、羽柴秀吉と前田利家はいったんは敵対するが、ふたりの仲は固い絆で結ばれていた。

利家が領国経営に腐心している間に、秀吉は天下を掌中にして〈関白《かんぱく》〉となり、秀吉は利家に加賀・能登・越中の三カ国を一任して、金沢城に据えていた。

そして、京に〈聚楽第《じゅらくだい》〉を築くや、秀吉と利家は、ふたたびおたがい身近なところにいて、家族ぐるみの親密な往来をはじめていた。

智恵光院通中立売の西南角に立つ〈此附近聚楽第跡〉の石標

おねの御殿跡が〈高台院町〉という地名となって残っている

敵・味方となった賤ヶ岳の戦い

天正十年（一五八二）六月の本能寺の変で、主君織田信長の仇を討った羽柴秀吉は、織田家一門の中でも圧倒的な優位に立って、天下取り目指して疾走をはじめていた。

その頃前田利家は、信長から拝領したばかりの能登の領内で、石動山天平寺《いするぎやまてんぴょうじ》に立て籠もった叛徒《はんと》たちに悩まされていた。やむなく利家は、信長の比叡山《ひえいざん》焼き討ちに倣《なら》って、僧坊三百六十余といわれた天平寺一山を焼き払い、衆徒のすべてを斬り殺すという、戦国武将の荒々しい一面を覗《のぞ》かせていた。

利家がようやく領内の混乱を収めた頃、秀吉は織田家の宿老《しゅくろう》柴田勝家とことごとく対立をして、翌十一年四月、北近江の賤ヶ岳で天下の覇権を賭けて戦っていた。

このとき利家は嫡男利長《としなが》とともに、緒戦柴田勝家軍に加わり、秀吉と戦っていた。〈府中三人衆〉の手前もあった。

ところが、秀吉軍の猛攻で、柴田軍は乱れはじめた陣形を立て直して反撃に転じようとした矢先、突如前田隊が戦場を離脱、撤退して行ってしまったのである。この結果、柴田軍は総崩れとなり、勝家は敗走して北庄城《きたのしょうじょう》に戻ると、天守に火を放って自刃《じじん》した。

金沢城主前田家の誕生

前田隊の突然の撤退については、秀吉と利家との間に事前に約束があったといわれている。それに、柴田方に人質となっていた利家の三女麻阿姫《まあひめ》（当時十二歳）が、侍女の機転で北庄城から無事脱出してきたことも一因だったといわれている。

このとき秀吉に味方したことによって、戦後利家は、秀吉から旧領の能登一国のほかに、新たに加賀の石川・河北の二郡を与えられ、七尾から金沢に居城を移していた。前田家の金沢城居城は、秀吉のはからいでこのときからはじまっている。

一方、勝家を倒して天下の覇権を掌中にした秀吉は、大坂城の築城を開始、〈天下人《てんかびと》〉のゴールを目指して疾走を続けた。そして天正十三年（一五八五）七月、待望の〈関白《かんぱく》〉に就任、〈豊臣〉の姓を賜り、〈関白豊臣秀吉〉が生まれていた。

ところが、金沢に居城を移した利家は、かつて〈府中三人衆〉のひとりであった佐々成政《さっさなりまさ》と仲違《なかたが》いして、末森城《すえもりじょう》の攻防戦など、熾烈《しれつ》な戦闘に明け暮れていた。

そのため秀吉は、紀州・四国の平定を終えると、天正十三年八月、利家を支援して自ら越中平定の軍を起こし、たちまち佐々成政を下していた。

中立売通浄福寺西の一帯に広がる〈加賀屋町〉は加賀藩前田家の屋敷跡

四女豪姫に次いで三女麻阿姫も

このとき秀吉は、加藤清正・福島正則《まさのり》・浅野長政・片桐且元《かつもと》などの諸隊を連れて金沢城に入り、この城から出陣をして成政を下し、この城に凱旋《がいせん》をした。金沢城で秀吉の接待にあたったのはまつである。

秀吉は利家父子のこれまでの苦労をねぎらい、利家の嫡男利長に佐々の旧領越中国三郡を与え、利家には秀吉の旧姓〈羽柴〉と〈筑前守《ちくぜんのかみ》〉の受領名《ずりょうな》を与えていた。当時、主君の称号を拝領することは最高の栄誉とされていたときである。そして、加賀藩前田家の加賀・能登・越中三ヵ国領有の原型はこのときにできあがっている。

そして、このとき秀吉は、利家とまつに頼み込んで、羽柴勝家の人質であった三女麻阿姫を側室にもらい受けていた。

この天正十三年の当時、秀吉とおねには子ができなかったが、利家とまつの間には二男六女が生まれてい

民家の軒下に掲げられている懐かしいホーロー引きの地名掲示板

た。安土城の時代に、秀吉とおねのふたりは、まつが天正二年に生んだ四女豪《ごう》姫を養女にもらい受けて育てあげ、秀吉の養子であった宇喜多秀家《うきたひでいえ》と、このほど結婚させたばかりである。まつも喜んで麻阿姫を秀吉にゆだねていた。

秀吉がこの麻阿姫を伴って大坂城に戻ってきたのは、翌閏《うるう》八月二十三日である。

聚楽第の造営と加賀藩前田屋敷

翌天正十四年二月、秀吉は京の町で〈聚《じゅ》楽第《らくだい》〉の造営をはじめている。

信長の時代、秀吉は上洛すると、西本願寺の北にあった本圀寺《ほんこくじ》（現在山科区御陵大岩に移転）を宿所にあてていた。だが、関白となったいま、天下人にふさわしい京の居館をと、贅《ぜい》をつくした華麗な殿舎の築造をはじめている。その正確な位置はいまは不明だが、南北・一条通から丸太町通、東西・大宮通から千本通の間の広大な敷地。濠をめぐらし石垣を築き、天守閣を備えた、居館とはいえ本格的な城の構えであったといわれている。

そして、この聚楽第を囲んで、諸大名の屋敷が所狭しとならんでいた。利家の屋敷も古い絵図をみると、聚楽第の西側、天守と覚しき高楼の下に描かれている。

秀吉はその年九月十三日、大坂城よりおねをはじめ、母の大政所《おおまんどころ》なかや弟秀長など一族を引き連れて来て、この聚楽第に移り住んでいる。このとき、秀吉の側室〈加賀殿〉となった麻阿姫も、天守閣の中に一室を与えられていた。

利家も領国経営を嫡男利長にゆだねて、まつとともに上洛、一年の大半をこの京の屋敷ですごし、ふたたび秀吉と利家、おねとまつの親密な関係は、この京の町を舞台にしてより一層深まっていったのである。

上京区下長者町通大宮西入ルにある聚楽第の遺構〈梅雨の井〉と呼ばれた井戸跡

聚楽第時代の秀吉と利家

豊臣秀吉は天下人になったあとも、織田家以来の旧友前田利家を豊臣家の一族・身内のように処遇して、前田家を守り立てていった。

秀吉の行くところ、いつも傍に利家がいた。だが、後陽成天皇の聚楽第《じゅらくだい》行幸《ぎょうこう》のあと、順風満帆《じゅんぷうまんぱん》で来た豊臣家に不幸が忍び寄った。

抜群の才覚《さいかく》と行動力で天下人に駆け上がった秀吉のコンパスに狂いが出はじめ、関白秀次と秀頼の誕生によって、聚楽の時代に幕引きがはじまっていた。

天正15年10月　北野天神の森で開かれた北野大茶会の跡地に立つ記念の石標

北野天神の参道の傍らに残る北野大茶会の際に使用した井戸跡

淀殿の居城であった淀城跡。ここで鶴松が生まれ、没したのもこの城である

どこへ行くにも二人は一緒

天正十五年（一五八七）豊臣秀吉が聚楽第《じゅらくだい》を築いて、そこにおねをはじめ一族の者たちを連れて移り住んで来たことによって、聚楽第に隣接するように屋敷を構えていた前田利家・まつとの往来が、尾張《おわり》・岐阜《ぎふ》・安土《あづち》の時代以上に賑《にぎ》やかになった。とりわけ三女麻阿姫《まあひめ》が秀吉の側室となり、四女豪姫《ごうひめ》が豊臣家の養女となったこともあって、秀吉は前田家を単なる友人・朋輩《ほうはい》としてよりも、豊臣家の一族・身内のように処遇した。

そして、その年十月一日、秀吉が北野天神の森で〈北野大茶会〉を催すと、利家も出席をして、秀吉や今井宗久《そうきゅう》・津田宗及《そうぎゅう》の茶席をめぐっている。

翌十六年正月、秀吉が禁中に年賀に参内した際、利家も秀吉に随伴して参内した。そして二月、秀吉が京の近郊に鷹狩《たかが》りに出かけると、利家も蒲生氏郷《がもううじさと》・徳川家康などとともに随行した。どこに出かけるにも秀吉は隣りに住む利家に声をかけることを忘れなかった。

後陽成天皇の聚楽第行幸

天正十六年（一五八八）四月十四日、秀吉は聚楽第に後陽成《ごようぜい》天皇を迎えている。このとき秀吉は禁裏まで天皇を出迎えに出た。当時禁裏から聚楽第まで十五、六町の距離にあったが、行列の先頭が聚楽第の門をくぐって到着したとき、最後尾はまだ禁中にあったと伝えている。盛大な行幸列である。このとき利家は〈関白太政大臣《だじょうだいじん》豊臣秀吉〉の牛車《ぎっしゃ》のすぐ後に、雑色《ぞうしき》・馬《うま》副《ぞい》・布衣《ほい》の者たちを連れて従っていた。諸大名の最先頭である。

そして翌日、天皇と関白秀吉に忠誠を誓う起請文《きしょうもん》が提出されたが、利家は諸大名の衆とは別に、織田信雄・徳川家康・豊臣秀長・秀次・宇喜多秀家といった、織田・徳川・豊臣の三家に混じって名を連ね、署名をしている。秀吉によって守り立てられた利家である。

翌十六日に開かれた歌会でも、利家は列席して和歌を詠《よ》んだ。

植えをける砌《みぎり》の松に君がへん
　千代のゆくえぞかねてしらるる

天皇家と豊臣家の繁栄を謳歌《おうか》する歌である。

翌十七日に舞楽《ぶがく》があり、大政所なかと北政所おねから献上物があって、後陽成天皇は翌十八日に還幸されている。秀吉はもちろん、利家にとっても最も照り映《ては》えていたときである。

秀吉の弟秀長の眠る妙心寺の大光院

狂いはじめた秀吉のコンパス

聚楽第行幸の翌年天正十七年（一五八九）五月、豊臣家に待望の後継ぎが誕生した。秀吉の側室淀殿が鶴松（棄丸《すてまる》）を生んだ。世継ぎ誕生で豊臣家は沸き立っていた。当時、金沢に戻っていた利家は、早速祝儀のために上洛した。

ところが、このときを最後に、これまで順風満帆で来た豊臣家に不幸が忍び寄った。

天正十八年一月、家康の正室となっていた秀吉の妹旭姫《あさひひめ》が聚楽第で病没した。翌十九年の一月には、秀吉の片腕でもあった弟秀長が大和郡山《やまとこおりやま》で没している。

このとき秀吉は、秀長とともに秀吉を支えていた千利休を自刃《じじん》させてしまっていた。このふたりの助言者を失って、秀吉の羅針盤《コンパス》は狂い出していた。八月には、三歳になった世継ぎの鶴松を失ったばかりか、翌二十年七月には、秀吉は母なかを

大徳寺山内の竜翔寺は、かつて秀吉の生母大政所なかの菩提所天瑞寺のあったところ。天瑞寺は跡形もなく消滅してしまったが、この境内奥でいまも大政所は眠っている

失っていた。

聚楽の時代を捨てて伏見へ

世継ぎ鶴松を失ったとき、秀吉は後継者に、養子にしていた姉ともの長男秀次をあて、天正十九年十二月、秀吉は関白を秀次に譲り、自らは〈太閤《たいこう》〉となった。

そして翌二十年八月、秀吉は関白秀次に聚楽第を与えることにして、代わって京にほど近い伏見の地を選んで隠居用の居館・屋敷の造営をはじめていた。

身内の不幸で気重な日が続くというのに、それでも秀吉は小田原の北条討伐・関東平定の軍を起こして出陣、文禄《ぶんろく》の役《えき》では九州名護屋《なごや》にまで出陣した。もちろん利家も長男利長を伴って出陣した。

だが、その間に前田家でも三女の麻阿姫（加賀殿）や宇喜多秀家に嫁《とつ》いでいた四女豪姫が相ついで病むなど、心配事が続いていた。その上に、聚楽第が秀次に与えられたため、天守に部屋を与えられていた加賀殿を一時前田家で預かることになり、前田邸内に移っていた。

ところが、翌文禄二年（一五九三）八月、これまでの暗雲を拭い去るかのように、淀殿がまたしても世継ぎとなる秀頼を生んだ。この秀頼の誕生によって事態は一変した。

実子の誕生で、秀吉はのちに関白秀次を追放するが、秀頼に将来大坂城を与えることを決めると、完成したばかりの伏見の屋敷を自身の隠居城とするために、本格的な城郭へとつくり替えはじめたのである。この結果、利家の身辺もにわかに慌ただしさを増していった。

妙心寺玉鳳院内に眠る秀吉の最初の嫡男棄丸の霊祠

伏見城時代の秀吉と利家

〈関白〉職を姉の子秀次に譲って〈太閤〉となった豊臣秀吉は、文禄三年、〈隠居三昧《ざんまい》〉の生活に明け暮れていた。

秀頼の守り役を仰せ付かった前田利家。そして秀吉から二千石の化粧料を与えられることになった妻のまつ。秀吉によって繁栄を約束され、掴《つか》み取った加賀百万石の前田家であったが……

秀次事件、慶長大地震を経て、同い年の秀吉と利家に死の時が迫っていた。

昭和39年に旧伏見城のお花畑山荘のあった地に建てられた５層の大天守閣

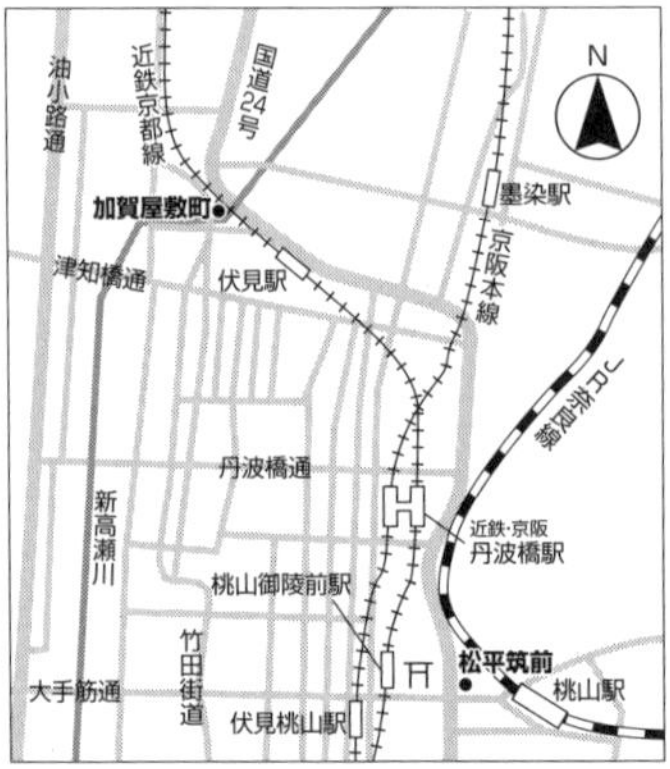

近鉄伏見駅の西北、七瀬川に架る加賀屋敷橋。周辺には深草加賀屋敷町の地名が残り、前田家伏見屋敷の下屋敷のあったところといわれている

物入り続きの前田家

天正十六年（一五八八）五月、豊臣秀吉が方広寺大仏殿の造営をはじめたとき、前田利家は一万人の作業人足を負担した。

文禄元年（一五九二）の文禄《ぶんろく》の役では、前田隊八千人が肥前名護屋《ひぜんなごや》に出陣した。

そして文禄三年（一五九四）正月、秀吉が完成したばかりの伏見の屋敷を本格的な城に改め築城を開始すると、利家は一万五千人の作業人足を提供した。

当時前田家は、利家が加賀金沢二十三万五千石を、長男利長が越中富山三十二万石を、次男利政が能登七《のとなな》尾《お》二十一万石を領有、合計七十六万五千石の大大名であったが、それにしてもたいへんな物入りである。

秀吉が本格的な伏見城の築城を開始すると、その年文禄三年の十一月には、利家も伏見の城下に新たに前田家の屋敷の普請《ふしん》をはじめていた。

桃山町松平筑前の町の一角にある松平筑前公園

隠居三昧の秀吉とともに

文禄二年の暮れ、利家はいったん金沢に帰り、翌三年の正月を金沢城で家臣たちとともに祝うと、ふたたびまつを伴って上洛、聚《じゅ》楽《らく》の屋敷に入っている。このときからまつは、夫利家が慶長四年（一五九九）に没するまでの五年の間、金沢に帰らず夫の傍らにいた。利家五十八歳、まつ四十八歳のときである。

この年文禄三年二月、秀吉は関白秀次をはじめ諸大名を連れて大和吉野《やまとよしの》に花見に出かけ、帰途高野山《こうやさん》に詣でて母大政所なかの供養を行っている。このとき利家はもちろん、加賀殿（当時二十二歳）も同行した。

ところが、秀吉は高野山から大坂に戻ると、まるで年老いて人恋しくなったのか、再々上洛して来て、加賀殿やまつのいる利家の聚楽屋敷に宿泊したり、利家を伴って諸大名の聚楽屋敷を訪ね歩き、茶会を催したり、能楽に興じたりと〈隠居三昧《ざんまい》〉の生活をはじめていた。

文禄四年（一五九五）の年が明けた二月、秀吉は大坂より秀頼を伴って伏見城に入った。そして三月、秀吉は上洛して来て聚楽の前田屋敷に宿泊、翌日ここから聚楽第に関白秀次を訪ねるなど、相変わらず〈隠居三昧〉の日を送っていた。

利家もこの秀吉に従《つ》いて宇治見物や有馬《ありま》の湯治《とうじ》に同行したり、伏見城で秀吉とともに能を演じたり、秀吉と同い年とあって利家もまるで隠居三昧の日を送っていた。
秀吉も再々の前田邸への宿泊・訪問が気になってか、迷惑をかけるからと、まつにも化粧料の名目で二千石の知行を与えていた。

悲惨な秀次事件起こる

文禄四年六月、利家は普請中であった伏見城下の屋敷が竣工、まつとともに移り住んでいる。聚楽の屋敷は前田家の京屋敷となって残されていく。

ところが翌七月、突如秀吉は、謀反《むほん》を理由にして関白秀次を追放、高野山に送って切腹させたばかりか、秀次の妻妾《さいしょう》、子女三十九人を三条河原で斬首するという悲惨《ひさん》な事件を起こしていた。先の千利休事件と同様に、秀吉の日常からはとても考えられない陰湿《いんしつ》で不可解な事件である。陰で糸を引く者がいたことは間違いない。

このとき利家は沈黙した。利家は秀吉の意向を受けて、将来秀頼と秀次の娘が結婚した際、

御香宮の東、国道24号線の向い地一帯は利家に与えられた関白秀次の屋敷跡。利家没後前田家は家康より松平姓を与えられて松平筑前守を名乗っている

仲人を務めることになっていて、利家は再三聚楽第を訪ねて秀次と親交を重ねていた。それだけでも謀反加担の嫌疑《けんぎ》を受けるに十分だったからである。

秀吉は、まるで不浄《ふじょう》の物だといわぬばかりに聚楽第の破却《はきゃく》を決めると、秀次たちの居館跡から惜し気もなく取り壊しをはじめていた。

慶長大地震で伏見城倒壊

慶長元年（一五九六）、伏見指月《しげつ》の地に築かれた秀吉の伏見屋敷は、二十五万人が動員されて〈伏見指月城〉に変わっていった。

利家は、秀吉より常時在京して秀頼の〈傅役《もりやく》〉を務めるようにと大役を仰せつかり、伏見の城下にあった関白秀次の屋敷を与えられていた。

そして、その年五月、秀頼がはじめて上洛して来て参内したとき、傅役の利家は秀頼の乗る御所車《ごしょぐるま》に秀吉とともに同乗して参内した。この頃の利家は、秀吉の家臣どころか、豊臣家の一族・身内の一員であった。

ところが、その年 閏《うるう》七月十二日の夜、突如伏見を中心にして大地震が発生、翌十三日の夜にはふたたび激しい揺り返しが襲って来た。慶長大地震である。余震はその年の暮れまで続いている。

この大地震によって伏見指月城は天守閣をはじめ、城内の殿舎がことごとく倒壊、番衆の多くが圧死した。秀吉とおねは秀頼や侍女たちとともに無事避難をして、城内中の丸の庭にいた。

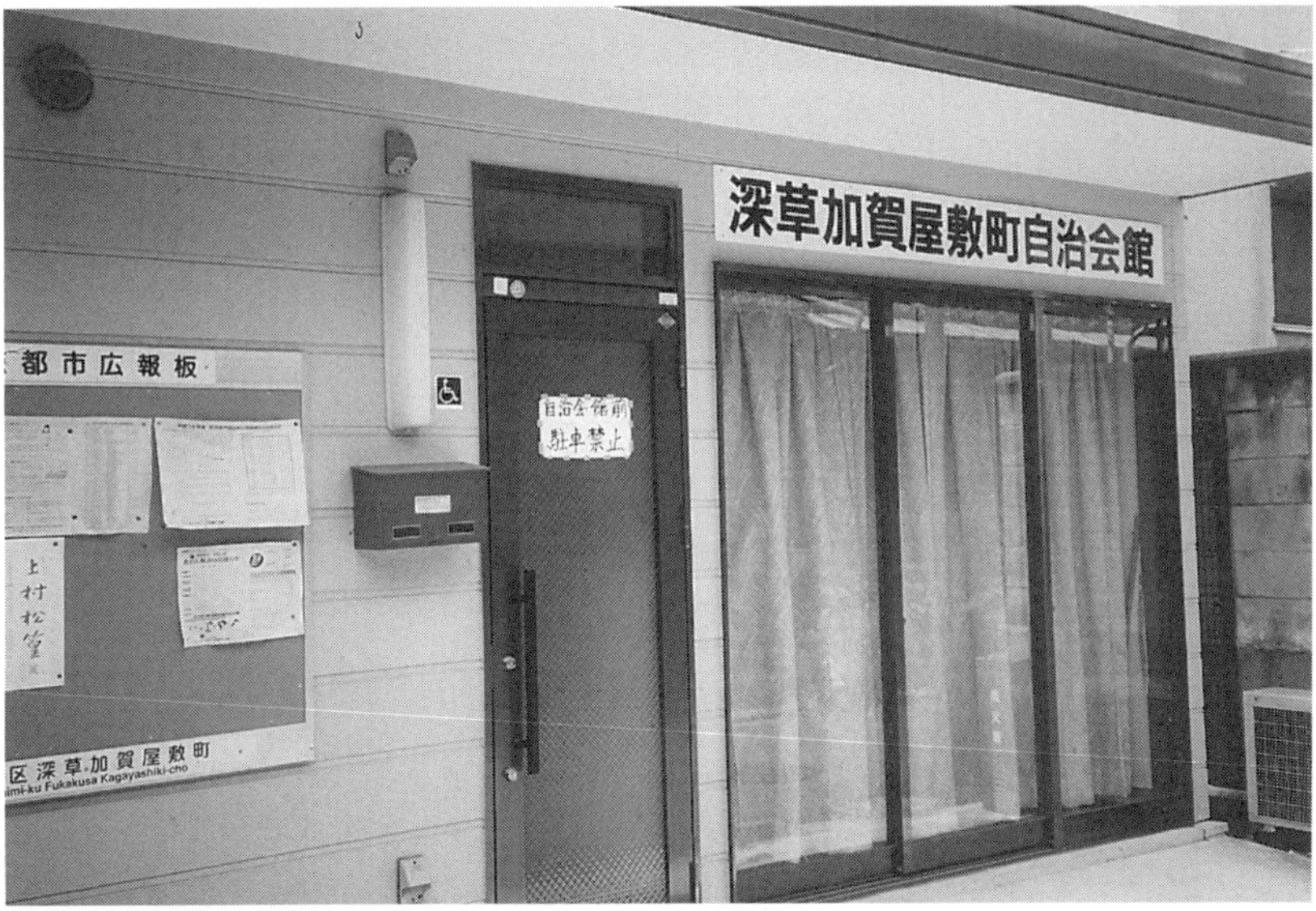

〈深草加賀屋敷町〉の町名を付した地元自治会館

当時、利家と長男利長の伏見屋敷は隣り合っていたようで、たがいの無事を確認し合うと利家はすぐさま家臣を城内にやって秀吉の安否を確かめ、ただちに登城して秀吉に会った。秀吉はたいへんな喜びようで、利家に秀頼を託したので、利家はこの日秀頼を抱き上げて秀吉の傍にいたと古記録は伝えている。

竣工して二年と経たない伏見指月城は倒壊した。秀吉はあまりの惨状にこの地での再建を断念、新たに木幡《こはた》の地を選んで再建することを決めると、翌十四日に早くも縄張りを行っている。ところが、秀吉は、この慶長元年に着工し、完成したばかりの伏見木幡の城で、慶長三年八月に病没してしまうのである。

醍醐の花見と前田家の人びと

豊臣秀吉の最後の宴《うたげ》となった〈醍醐の花見〉。舞台となった醍醐寺山内は、この日終日たわむれ遊ぶ女人衆の嬌声《きょうせい》に溢れていた。

前田利家とまつのふたりは、この日秀吉に招かれて参加、加賀殿（三女麻《ま》阿《あ》姫《ひめ》）とともに醍醐の花見をたのしんでいたが、秀吉ばかりか、利家とまつにとっても、この日の花見が、〈最後の宴〉となってしまうのである。秀吉はこの日から半年後に、利家は一年後にそれぞれ死の時を迎えていた。

醍醐寺の五重塔　天暦５年（951）建立の京都で最も古い国宝の五重塔

一年前に醍醐の花見を計画

慶長元年（一五九六）閏《うるう》七月の慶長大地震で、伏見指月《しげつ》の地に建てられていた伏見城は倒壊した。あまりの惨状に、秀吉はこの地での再建を断念、新たに伏見木幡《こはた》の地を選んで築城を開始した。

翌慶長二年三月八日、伏見城の築城工事がピッチをあげていたときである。秀吉は徳川家康や前田利家たちを連れて、騎乗して伏見近郊を散策して回っていた。このとき、醍醐寺に立ち寄った秀吉は、美しく咲いている寺内の桜を見て、心中秘かに来春この地で花見の宴を開くことを思い立っていた。

当時醍醐寺は、応仁の乱の兵火にかかって堂宇《どうう》の大半を焼失したまま山内は荒れ果てていた。秀吉は早速三月二十七日に醍醐寺に制札を与えて保護の手を差しのべるのと同時に、傷みの激しい五重塔の修築に取りかかっていた。

夫婦そろって招かれた前田家

一年後の慶長三年三月十五日、秀吉は予定した通り醍醐寺で花見の宴を開いていた。このことが醍醐寺側に打ち明けられたのは、一ヵ月前の二月八日である。

折から醍醐寺山内は、この日のために近畿一円から移されて来た桜の名木七百本余りが満開のときを迎えていた。

秀吉は幼い秀頼（当時六歳）を抱いて輿《こし》に乗った。そして北政所・淀殿など正室・側室をはじめ、その侍女たちや諸大名の女房衆など、総勢千三百名を超える女性たちを連れて伏見城を出発、醍醐三宝院に到着した。

このとき、秀吉の輿に続いて来た女性たちの乗る輿の順が、一番から六番まで、次のように記録されていた。

一番　北政所おね（秀吉の正室）
二番　淀殿（側室・浅井長政の娘・秀頼の生母）
三番　松の丸殿（側室・京極高吉の娘）
四番　三の丸殿（側室・織田信長の五女？）
五番　加賀殿（側室・前田利家とまつの三女）
六番　前田利家の妻まつ

加賀殿の輿の後に、まつの乗る輿が続いた。そればかりか、この日利家も招かれていて、夫婦そろって招かれたのは前田家だけだったといわれている。

趣向をこらした茶屋が点在

この日、花見の舞台となった醍醐寺の境内には、一番から八番まで、それぞれ趣向をこらした茶屋が設けられていて、一番茶屋で茶湯の接待を受けた一行は、桜の花を賞《め》でながら順次茶屋をめぐって行った。

醍醐寺の金堂　秀吉が慶長３年、紀州湯浅の満願寺から移してきた鎌倉時代の代表的な建物

茶屋の中には、幼い秀頼のために操《あや》り人形師の控えた見世物小屋もあった。付き従って来た女中衆のために、雛人形や張《は》り子、櫛《くし》、針、染め糸などや、あぶり餅、焼き餅などを商う茶屋もあった。

秀吉は幼い秀頼の手を引いて、一番茶屋から順次酒盃を傾けながら、上醍醐《かみだいご》に向かう槍山《やりやま》までの山路を行った。そして三番茶屋からの険しい坂道をのぼった秀吉は、四番茶屋で湯屋に入って汗を流し、軽い中食を済ませていた。このあと六番茶屋に着いた秀吉は、ここで衣裳を着替え、歌会を催し、花見の酒宴を開いている。

このときの歌会で秀吉は三首、利家は二首の歌を詠んでいるが、そのうちの一首―

深雪山《みゆきやま》かへるさをしきけふの暮
　花のおもかけいつか忘れん
　　　　　　　　　　秀吉
さきつづくわか枝の花も今年より
　にほひは代々の春につきせじ
　　　　　　　　　　利家

醍醐三宝院の唐門（勅使門）　２枚の扉に五七の桐紋が取り付けられ、両脇に12弁の菊紋が彫られている

盃争いに割って入ったまつ

この日、付き従って来た女房衆は三度にわたって衣裳を替えた。そして女中衆も衣裳を替えると、それぞれが趣向をこらした仮装行列を行っている。

ところが、この日酒宴の席で、側室の淀殿と松の丸殿が盃をめぐって悶着《もんちゃく》を起こしていた。

秀吉から盃を受けた北政所が、つぎは誰にと一瞬手を止めたとき、傍らにいた松の丸殿から即座に「お流れをいただきたい」と、声がかかった。北政所はなんのためらいもなく松の丸殿に盃をまわそうとしたとき、淀殿から順序が違うと声が挙がった。史上伝えられる醍醐の花見での〈盃争い《さかずきあらそ》〉である。

確かに順序から言えば、秀吉の後継者秀頼を生んだ淀殿が先かもしれない。だが、松の丸殿は京極高吉の娘、淀殿は浅井長政の娘。京極家は足利時代の頃から守護職を務めた一大名家《めいか》で、浅井家はかつてこの京極家に仕えた家臣であった。ところが、下剋上《げこくじょう》の時代に浅井家は京

醍醐寺境内、槍山に向かう山中に立つ〈醍醐の花見〉の跡地に立つ標示板

極家の領地を侵食して台頭した。松の丸殿にとって淀殿はあくまでも家臣の娘にすぎなかった。それに松の丸殿が秀吉の側室になったのは天正十年（一五八二）、淀殿が側室になったのは天正十一年以降のことで、松の丸殿の方が先輩にあたっていたからでもある。

結局、この盃争いは、利家の妻まつが割って入り、北政所から盃を預かり、事を納めたと伝えている。

醍醐寺の山内は終日たわむれ遊ぶ女衆の嬌声《きょうせい》に満ち溢れていた。こうして秀吉の最後の宴となった〈醍醐の花見〉はつつがなく終わっている。

今日、醍醐三宝院内にある〈純浄観《じゅんじょうかん》〉の建物は、当時槍山にあった八番茶屋の建物である。

秀吉と利家　それぞれの死

病床に伏した豊臣秀吉は、後継者秀頼のために〈五大老・五奉行〉の万全な体制を布き、とりわけ五大老のうちでも前田利家と徳川家康のふたりに後事を託して病没した。

だが、秀頼を守り立てるために、病躯を押して懸命に政局運営に当たる利家を尻目に、家康は政権奪取に向けて動き出していた。そして、夫を失ったおねとまつのふたりにも、家康は容赦なく牙を剥いて襲いかかっていた。

明治31年に修築された阿弥陀ヶ峰山頂に眠る高さ10mという巨大な秀吉の墓

豊国社古図に描かれた秀吉の廟堂。秀吉は没すると阿弥陀ヶ峰に埋葬されて、その上に方形造りの廟堂が建てられていた

金沢市のはずれ野田山の前田家墓地にある利家の墓所。写真右手の柵奥に見える丸みのある墳丘に利家は眠っている

ふたりに忍び寄った病魔

慶長三年（一五九八）三月の醍醐の花見を終えた頃から、豊臣秀吉と前田利家のふたりに病魔が忍び寄った。

体力の異常な衰えを感じ取った利家は、いまのうちにと、四月二十日、家督を長男利長に譲って隠居した。この結果、利長が越中富山と加賀金沢の、合わせて五十五万石を領し、次男利政は従来通り能登七尾二十一万石を領することになった。利長三十七歳、利政二十一歳のときである。

そして、いったん金沢に戻った利家は、その足で上野《こうずけ》（群馬）の草津温泉に湯治に出かけた。一ヵ月近い湯治でかなり効果があったようである。

五月二十一日、利家は草津を発って帰路についた。ところが、金沢に着いて旅装を解く間もなく、利家はあわただしく京へ向かった。秀吉重体との知らせが届いて来たからである。

秀吉は慶長３年８月18日に伏見城で没している。写真は昭和39年に建てられた伏見城の大天守閣と小天守閣

大老利家と秀吉の死

秀吉は醍醐の花見の後も、たびたび醍醐寺を訪れて、三宝院の庭園築造の陣頭指揮に当たるなど、醍醐寺の復興に手を染めていた。

ところが、五月五日、伏見城で端午の節句の祝いを行い、諸大名が退出した後になって秀吉は発病した。医師団が懸命に治療に当たったが、急激に食欲が衰え、やせ細っていった。秀吉は利家に倣《なら》って有馬温泉への湯治を予定したが、もはや出かける気力も失われ、重体に陥っていた。

おねたちによる病気平癒のためのさまざまな祈祷《きとう》も空しかった。秀吉自身も死を意識したのか、七月十五日、諸大名に対して秀頼に忠誠を誓わせるために、伏見の前田邸で誓紙を書かせ、利家に提出させている。そして、秀頼を補佐するために五大老（徳川家康・前田利家・毛利輝元・上杉景勝・宇喜多秀家）五奉行（前田玄以・石田三成・浅野長政・増田長盛・長束正家）の制を布き、誓紙を交換させたばかりか、八月五日、秀吉はさらに五大老に対して秀頼のことをくれぐれも頼むと、悲痛な遺言状を残して、八月十八日伏見城で病没した。六十二歳である。

秀吉没後の政局を運営

秀吉は生前、死後神となって祀られることを望んでいた。そのため、秀吉の柩《ひつぎ》は不浄なものが取りつかぬうちにと、通夜を営まずその日の夜半伏見城より運び出されて、方広寺大仏殿の裏手にある阿弥陀ヶ峰《あみだみね》に埋葬されている。そして、すぐさまこの墓所の西の麓に秀吉を祀る神社の造営工事がはじまっていた。

利家は家康とともに秀吉没後の政局運営に当たった。当面の課題は朝鮮出陣中の将兵たちの撤収である。

病み上がりの利家にとって、秀吉が病床に伏してからは連日過酷な日が続いていた。そのため在朝鮮諸軍の撤収が完了した十二月、さすがの利家も倒れていた。だが、休むことなどできなかった。

利家は慶長４年閏３月３日に大坂城で没している。写真は昭和６年に復興された大阪城の天守閣

心身を擦り減らした利家

翌慶長四年一月一日、秀頼に年賀言

上のため諸大名が伏見城に登城した際、傅役《もりやく》の利家は病いを押して登城、秀頼を抱いて諸大名の挨拶を受けていた。

そして一月十日、激しい雨が降るというのに、利家は秀吉の遺言に基いて、秀頼を伏見城から大坂城に移し、このとき利家もまつとともに、伏見から大坂の屋敷に移っていった。

だが、利家が病躯《びょうく》を押して懸命に秀頼を守り立てていたとき、家康は豊臣家の有力大名たちとつぎつぎと姻戚《いんせき》関係を結び、政権奪取に向けて動き出していた。

この結果、家康対石田三成など五奉行間の対立が激化、利家は家康を譴責《けんせき》、諫言《かんげん》したり、病躯を押して大坂から伏見の家康邸を訪ねて融和策《ゆうわさく》を講じたりと、豊臣家中の取りまとめに奔走した。

このとき、利家ばかりか、嫡男利長も利家とともに秀頼を補佐、次男利政は秀頼警固の詰番《つめばん》衆《しゅう》を務めるなど、前田家は一家を挙げて秀吉没後の秀頼・豊臣家を支えていた。

まつに付き添われて金沢に帰る

三月十一日、家康が利家の病気見舞いに大坂の前田邸を訪れたとき、利家は病躯を押して面会、秀吉が五大老に秀頼を託したように、利家は家康に利長の今後を頼み、「これにてわれは死にまする」と、死期の近いことを伝えていた。

そして三月十五日、利家は死後配分する形見分けの目録を作成、二十一日には、まつを枕頭に呼んで利長に宛てた十一ヵ条から成る遺言を、まつに口述して筆記させていた。

金沢市尾山町にある前田利家・まつ夫妻を祀る尾山神社の本殿

翌閏《うるう》三月三日、まつも夫はこれまでと見てか、利家に経帷子《きょうかたびら》の着用をすすめた。だが、利家は「お前が後から着て来るがよい」と笑って拒絶、むしろ心配なのは豊臣家の前途であると、目を怒《いか》らせ歯を食いしばり、脇差《わきざし》を鞘《さや》のまま胸元に強く押し当て、二言、三言うめき声を発して、そのまま事切れていた。六十三歳である。利家は最後まで露骨に政権を窺《うかが》いはじめた家康の存在が気がかりであった。

利家の遺体は、遺言に従い長持《ながもち》に入れ、まつに付き添われて大坂から金沢に帰っていった。葬儀が営まれたのは四月八日、墓は金沢城の南、野田山に築かれ、いまも前田家歴代藩主や多くの家臣たちに囲まれて眠っている。法名・高徳院殿桃雲浄見大居士。

豊国社創建と加賀百万石の誕生

前田利家が没すると、徳川家康は政権奪取に向けて動き出した。そして石田三成を引きずり下ろすと、つぎの標的に前田利長を選んで牙《きば》を剥《む》いた。家康の策にはまって身に覚えのない暗殺計画の首謀者にされた利長は、家康に脅され、母芳春院まつを人質に差し出して家康に屈服した。

そして、関ヶ原の合戦では、利長は弟利政とも訣別するが、家康に臣従することによって、〈加賀百万石前田家〉が誕生した。

奥能登の総持寺祖院の入り口にあるまつの意向を受けて象山徐芸が開いた位牌所は、その後芳春院と名を改め、慶長14年に大修復され、今日に至っている

金沢の野田山墓地の入り口にある、利家の法名にちなんで高徳山桃雲寺と名付けられた象山徐芸が開いた利家の菩提所。慶長５年利長が建立、その後数度の火災に遭い、今日に至っている

利家の葬儀と神となった秀吉

慶長四年（一五九九）四月三日、落飾《らくしょく》して芳春院《ほうしゅんいん》となったまつに付き添われて金沢に帰り着いた前田利家の柩《ひつぎ》は、四月八日の葬儀を終えると、利家が愛用していた甲冑《かっちゅう》や武具などとともに野田山に埋葬されている。このとき葬儀を取り仕切ったのは、利家が生前師と仰いでいた禅僧・越前宝円寺（曹洞宗）の大透圭徐《だいとうけいじょ》の、その法嗣象山徐芸《しょうざんじょうん》である。

芳春院は、この象山徐芸に利家の菩提寺建立と曹洞宗の本山能登《のと》の総持寺《そうじじ》内に利家とまつの位牌所を置くことを打ち合わせて、後ろ髪を引かれる思いで大坂へと戻って行った。後を継いだ利長は、豊臣秀頼の傍にいて、三年の間決して離れるでないと父利家から厳命されて大坂にいた。

その頃、京の阿弥陀《あみだ》ヶ峰《みね》では、豊臣秀吉を神に祀った豊国社が創建されて、四月十八日正遷宮《せいせんぐう》祭が行われていた。勅使をはじめ公卿《くげ》や門跡《もんせき》、諸大名がつぎつぎと社参、京の町衆たちも神となった秀吉をひと目見ようと、阿弥陀ヶ峰に殺到した。たいへんなにぎわいである。

このとき、秀頼の名代を務めて社参をしたのは徳川家康である。

家康の標的となった利長

利家が没した慶長四年閏三月三日の、その日の夜、石田三成に私恨を抱いていた加藤清正・黒田長政・福島正則などの武将たちが決起、早くも熾烈《しれつ》な内部抗争をはじめていた。

このとき家康は、騒擾《そうじょう》を理由に三成を近江佐和山城に蟄居《ちっきょ》させたが、政権奪取を狙う家康は、五奉行の筆頭三成の追い落としに成功すると、つぎの標的に、三十八歳で大老となり、傅役《ふやく》となった利長を選んでいた。

家康は秀頼から利長を引き離すために、利長に再三帰国をすすめた。だが、父の遺言を盾《たて》にしたかたくなな利長の態度に、家康は立腹し威圧した。居づらくなった利長は母芳春院に相談した。その結果、利家の遺言に反するが、この場は家康の言を容れて帰国することにし、八月二十八日、利長は大坂を発って金沢へ帰って行った。

ところが、金沢に帰り着いて、父の墓参も済まぬうちに、大阪から思わぬ知らせが飛び込んで来た。浅野長政や大野治長たちによる家康暗殺の計画が露見、その首謀者が前田利長であったという。家康はただちに利長討伐のため準備をはじめたという知らせである。もちろん利長には身に覚えがなかった。

かつては奥能登の曹洞宗大本山総持寺と呼ばれていたが、明治31年の火災を契機に関東（鶴見）に移転したため、現在は総持寺祖院と呼ばれて、七堂伽藍が建立されている

芳春院、人質となって江戸へ下る

利長はただちに弁明のため、重臣横山長知《ながちか》を大坂へ送った。このとき同じ嫌疑を受けた細川忠興は、三男忠利《ただとし》を人質として江戸に差し出すことで家康の怒りを納めていた。長知は領国にいる利長と大坂にいる芳春院と頻繁に連絡をとり合い、家康と折衝を重ねた結果、芳春院を人質として江戸へ送ることで落着した。その上、利家の四男利常（当時七歳）と徳川秀忠の娘珠姫《たまひめ》（当時二歳）との結婚の約束までさせられていた。

このときから前田家は家康に完全に屈服し、徳川家に臣従した。

人質となった芳春院は、慶長五年（一六〇〇）五月十七日に伏見を発って江戸へ向かった。

出発に当たって芳春院は、領国にいる利長に対して「武士は家を立てることが第一。母を思うがために家を潰すようなことがあってはならぬ。いざとなれば、我を捨てよ」と言伝《ことづて》を残して出発した。悲壮な覚悟である。このとき、前田家の宿老村井長頼《ながより》が芳春院の江戸での生活を慰めるために、芳春院とともに江戸に下った。一行が江戸に到着したのは六月六日である。

関ヶ原の合戦で加賀百万石誕生

前田家を屈服させた家康は、その鉾先を同じ五大老のひとりである会津の上杉景勝《かげかつ》に向けて、会津討伐を開始した。ところが、その虚《きょ》を突いて蟄居《ちっきょ》していた石田三成が蜂起《ほうき》、天下を二分しての関ヶ原の合戦に発展した。

利長は家康の命に従い、緒戦利政とともに二万五千の前田隊を率いて金沢を出陣した。そして、西軍に加担して前田隊の前進を阻《はば》む小松・大聖寺《だいしょうじ》の城を攻め落として、北ノ庄を攻めるなど、前田隊は北陸戦線で戦っていた。その果敢さに家康も激賞、芳春院の人質も直に解除されるかも知れないと思われた矢先、関ヶ原での本戦が迫って来た。

このとき利長は引き続いて家康に加担、北ノ庄攻略に向かっていた。ところが利政は豊臣方に心を寄せ、病気を理由にして動かなかった。

このため、戦後家康は利政の所領能登七尾二十一万五千石を没収した。そして利長には利政の所領のほか、前田隊が攻め落とした小松・大聖寺・北ノ庄の所領を与え、前田家は百二十万石余の大々名となった。〈加賀百万石前田家〉が誕生したのはこのときである。

なお、所領を没収された次男利政は、妻〈宇喜多秀家の娘〉とともに金沢を離れて上洛、嵯峨に隠棲した。利長からこのことを聞いた芳春院は、毎年禄《ろく》を割《さ》いて、ひそかに利政のもとに送っている。

芳春院には利政の気持ちが痛いほど理解されていた。だが、秀吉からもたらされた前田家の繁栄を守り通すには、夫利家の遺言をも捨てねばならぬ時代であった。

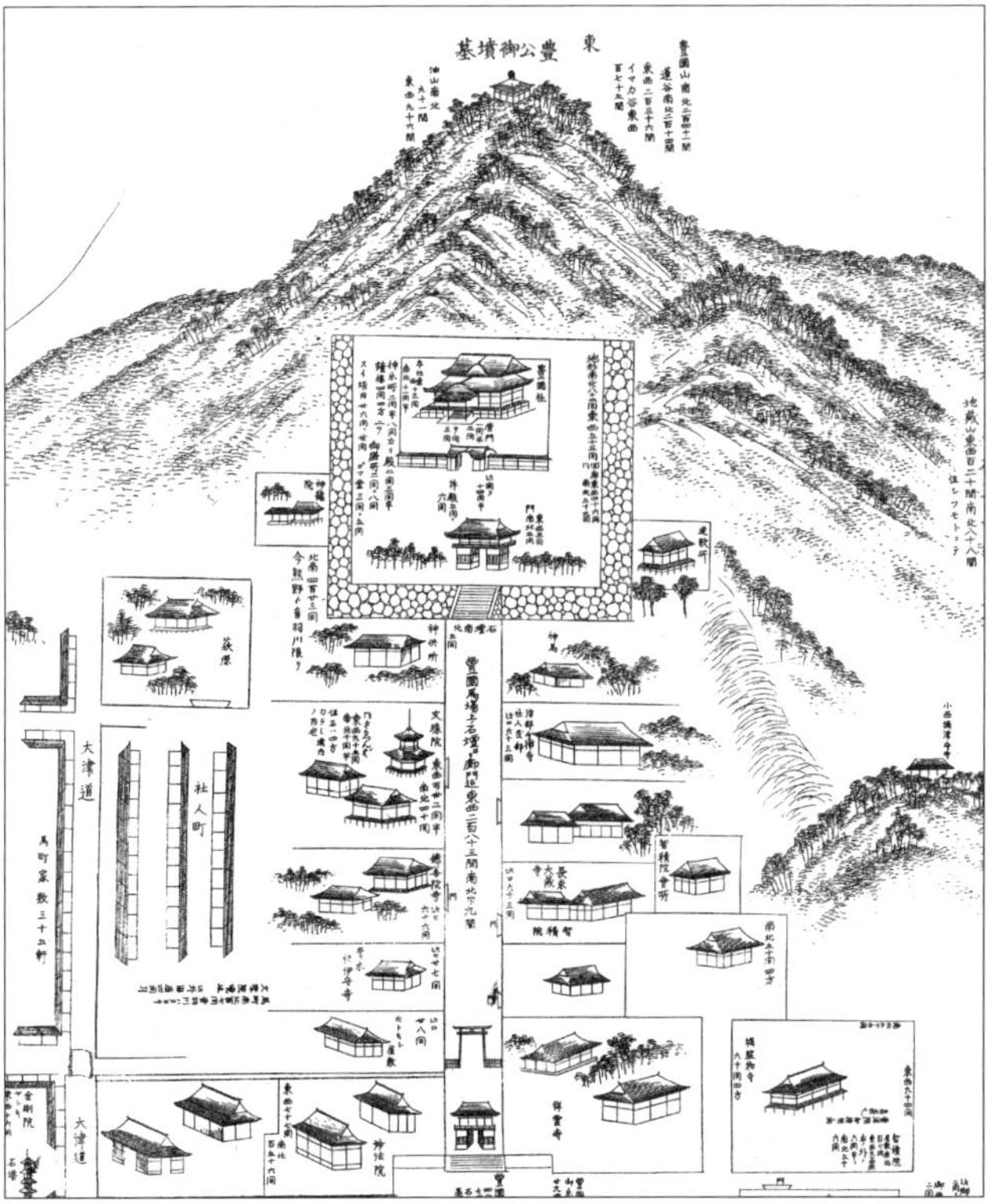

慶長４年創建当時の豊国社の境内・社殿の配置などの描かれた貴重な豊国社古図。社領１万石、社城30万坪に及んだ壮大な社であった

高台寺創建と芳春院建立

前田利長の後を継いで前田家の三代藩主となった利常は、利家が側室に生ませた子で、芳春院の子ではなかった。その利常が、徳川秀忠の娘珠姫《たまひめ》と結婚したことによって、金沢城内は徳川色に染まっていった。

所在を失い、隠居した利長は、江戸にいる芳春院と頻繁に連絡をとり、ともに秀吉の時代を忘れないでいた。そして、北政所が高台寺を建立したと聞くと、芳春院もまた大徳寺山内に芳春院を建立した。

人質となって江戸にいる芳春院の意向を受けて慶長13年に大徳寺山内に建立された芳春院

春日造りの本殿はじめ、舞殿・直会殿・着到殿などの立ち並ぶ吉田神社の本社

利常の結婚で所在を失った利長

芳春院が人質となって江戸へ下った翌年慶長六年（一六〇一）九月、徳川家康に押しつけられて、徳川秀忠の娘珠姫《たまひめ》（三歳）が「数百名」の徳川家の家臣団を伴って、前田利常（八歳）のもとに嫁入って来た。

利常は利家の四男で、利長の弟に当たった。だが、利家が側室寿福院に生ませた子で、芳春院が生み落とした子ではなかった。金沢城内はまるで主客が転倒、徳川色の城となった。

所在を失った利長は、翌慶長七年一月、利常結婚の御礼言上のため江戸に赴き、秀忠に対面した。このとき利長は江戸城内に籠居《ろうきょ》している母芳春院に対面した。一年半ぶりの再会である。そして、このときふたりの間でひそかに打ち合わせがなされたのか、利長はその足で上洛した。そして、家康と秀頼に、それぞれあいさつを済ませると、利長は北政所を訪ね、豊国社に参詣をするなどして京にいた。

芳春院の有馬湯治と上洛

江戸で人質生活を送る芳春院は、幕府の決めた建物内での息の詰まる生活で、心身ともに病みはじめていた。（幕府から屋敷地を与えられ、加賀藩江戸屋敷が誕生するのは慶長十年である。）

この頃の芳春院は頭痛、歯痛、食欲不振、それに胸部の疼痛《とうつう》などに悩み、歯茎《はぐき》より突然多量

北政所が慶長11年に創建した当時のままの高台寺開山堂。当時は持仏堂と呼ばれ、山内でも最も重要な廟堂であった

に出血するという奇病にも悩まされていた。

そのため、人質の身ではあったが、夫利家に倣《なら》って有馬温泉（摂津）での湯治を思い立ち、幕府に願い出て特別の許しを得ると、その年慶長七年三月、村井長《なが》頼《より》に付き添われて江戸を出立、有馬へ向かった。

芳春院の有馬での湯治は半年に及んだ。だが、その間芳春院はときおり上洛して来て、嵯峨に隠棲している利政夫妻を訪ねて長女の出産を祝い、北野天神に遊ぶなどして秀吉との聚楽《じゅらく》時代を懐かしく思い出していた。当然、京に滞在している利長に会い、北政所を訪ね、秀吉を祀った豊国社に参詣をしていたことは間違いない。

湯治を終えて芳春院が江戸に戻って行ったのは、その年十月である。

秀吉追慕に沸いた豊国社臨時祭

慶長九年（一六〇四）八月、京の町は秀吉の七回忌を迎えて、豊国社臨時祭の祭礼で沸き立っていた。

慶長7年有馬温泉に湯治に来ていた芳春院は、ときおり上洛して嵯峨に隠棲している利政夫妻を訪ねていた

祭りは八月十二日から十九日まで行われた。神官二百名が二百頭の馬にまたがり馬揃《うまぞろ》えを行ったあと市中を行進、社頭では神楽《かぐら》や能楽《のうがく》四座による新作能の演能など、さまざまな奉納行事が連日続き、京の町衆たちも町組ごとに巨大な花傘《はながさ》を押し立てて繰り出して来て、町のいたるところで秀吉追慕・太閤賛美の熱狂的な乱舞を行っていた。京の町がはじまって以来の最盛大の祭りであった。

利長もこのときの神官馬揃えに、豊臣家ゆかりの大名たちが一頭、二頭と馬を提供する中、断然群を抜いて三十頭の馬を提供、相変わらず秀吉追慕と報謝の気持ちを失わないでいた。

北政所も、毎月十八日の夫秀吉の月命日には必ず豊国社に参詣を続けていたが、この臨時祭では身内一族の者たちとともに大がかりな湯立神楽《ゆたてかぐら》を奉納、神賑行事《しんしんぎょうじ》を見物している。だが、この臨時祭を終えると、利長も北政所も身辺にあわただしさを増していった。

利長の隠居と芳春院建立

慶長十年（一六〇五）四月、徳川家康が将軍職を子の秀忠に譲ると、利長も六月、家督を利常に譲って隠居した。父利家とともに秀吉・秀頼に仕えて来た時代は終わり、秀忠の娘を妻とした利常の時代の幕開けであった。利長は金沢城を利常に明け渡して富山城に移っていった。利長四十四歳、利常十三歳、年若い隠居であり藩主である。

その頃京では、養母の訃報《ふほう》に接した北政所が、身内一族の冥福を祈りながらそこを自らの菩提所《ぼだいしょ》にしようと、京の東山、清水寺の北の地を選んで高台寺の造営をはじめていた。落慶したのは翌慶長十一年である。

ところが、このことを江戸で聞いた芳春院は、秀吉が眠る思い出深い京の町に自らの菩提所をと、落飾《らくしょく》の際に世話になった大徳寺の春屋宗園《しゅんおくそうえん》に連絡をとり、大徳寺山内に芳春院を建立することにした。落慶したのは翌慶長十三年である。春屋宗園は、この寺の開山に法嗣《ほうし》玉室宗珀《ぎょくしつそうはく》を据えていた。

前田家の陰陽師となった吉田神社

芳春院落慶の知らせが江戸にいる芳春院のもとに届いた翌慶長十四年三月、今度は利長の隠居城富山城が炎上、やむなく高岡に居城を移すと、利長から連絡が来た。芳春院はすぐさま京の吉田神社に連絡をとり、築城の地鎮祭《じちんさい》執行のため神官の派遣を依頼した。

吉田神社の境内にある吉田神道の根元神殿であった斎場所大元宮

生前利家は京の吉田神社を崇敬していたが、芳春院は利家以上に熱心であった。

当時、吉田神社は、日本全国の神社を統括・支配していた〈吉田神道〉の宗家で、境内にある〈斎場所大元宮《さいじょうしょだいげんぐう》〉を根元神殿にして神道界の頂点に立っていた神社である。

利家が肥前名護屋に出陣したとき、芳春院は吉田神社に武運長久《ぶうんちょうきゅう》を祈願、〈勝軍祓《しょうぐんはらい》〉を受けて利家に携行《けいこう》させている。そして身内の者や家臣たちに事があると、吉田神社に護札《まもりふだ》を所望して与えていた。

高岡城の地鎮祭に吉田神社より派遣されて来た神官吉田右衛門は、芳春院の意向を受けて地鎮祭を終えると金沢に居宅を与えられ、前田家の陰陽師《おんみょうじ》となって金沢に常駐していくのである。

芳春院と北政所　それぞれの死

前田利長が没して、芳春院は人質から解放されると、すぐさま高岡に駆けつけて行き、利長の墓前で数日の間泣き暮らしていた。

その頃京の町では、方広寺大仏殿の鐘銘事件に端を発して大坂の陣が勃発、徳川家康は秀頼を討って、遂に豊臣家を倒していた。

芳春院は北政所を慰め、利政にも会い、京の町で療養をと上洛したのも束《つか》の間、体調をすっかり崩して金沢に戻り急逝した。

金沢市のはずれ、野田山の山頂にある芳春院の墓所。鳥居奥の柵門内の円墳で芳春院は眠っている。この墓所の東隣りが利家の墓所である

北政所が眠る高台寺の霊屋。北政所木像が安置されている須弥壇下で北政所は眠っている

芳春院の祈祷《きとう》空しく利長の死

慶長十五年(一六一〇)、江戸で人質生活を送る芳春院は、翌年が利家の十三回忌とあって、高岡にいる利長に連絡をして能登総持寺《のとそうじじ》の再建を指図するなど、相変わらず気ぜわしい日を送っていた。

大徳寺の塔頭芳春院の寺内にある芳春院の分骨を納めた霊屋

ところが、その頃、利長は体に原因不明の腫物《はれもの》ができて体調を崩しはじめていた。そして四年後の慶長十九年(一六一四)には、もはや人の手を借りねば起き伏しも用を足すこともできない重態に陥っていた。

芳春院は利長の病状を心配して家康に帰国を願い出たが、許されなかった。そのため芳春院は、京の吉田神社をはじめ近江の多賀大社《たがたいしゃ》など、各地の寺社に使いの者を走らせて、病気平癒の祈祷を依頼した。

だが、せっかくの祈祷も空しく利

長は五月二十日高岡城で没していた。五十三歳。葬儀は五月二十八日高岡の法円寺《ほうえんじ》（のちに改称・高岡山端龍寺《ずいりゅうじ》）で営まれ、その墓地に埋葬されている。法名・瑞龍院殿聖山英賢大居士。

利長の墓前で泣き明かした芳春院

利長の死を知った幕府は、芳春院を人質から解放して帰国を許したが、代わって三代藩主利常《としつね》の生母寿福院《じゅふくいん》（利家の側室）が人質となって江戸へ向かった。寿福院はそのまま江戸にいて人質のまま寛永八年（一六三一）三月六日六十二歳で没している。

帰国を許された芳春院は、すぐさま江戸を立って高岡へ向かった。そして十日ほど高岡に滞在して、連日利長の墓前で泣き明かしていた。秀頼を補佐して豊臣方の中心とならねばならなかった利長が芳春院の言を容れて、家康の豊臣家に対する度重なる圧迫にも暴発することなく隠忍自重《いんにんじちょう》、芳春院にはこの利長の胸中が理解されたからである。

芳春院が後に残されていた利長の夫人玉泉院《ぎょくせんいん》（当時四十一歳）を伴って金沢に戻ったのは六月下旬である。

大坂城が落城して豊臣家滅亡

慶長十九年の六月末、芳春院が金沢に帰ると、三代藩主利常はただちに金沢城内の二の丸に芳春院のための居館の造営をはじめている。城内はふたりの先代夫人を迎えてにぎやかになった。

高台寺庫裏　創建当時、華麗な堂宇が立ち並んでいたが、２度の火災などによって多くを失い、いまでは庫裏が高台寺の主要殿舎となっている

ところがその頃、京の町では方広寺大仏殿の梵鐘《ぼんしょう》の銘文をめぐって、家康が突然無理難題を言い出して秀頼を挑発《ちょうはつ》しはじめていた。そのため東西関係が緊迫して、ついにその年十月大坂の陣が勃発《ぼっぱつ》した。

利常は当然家康に味方して出陣した。そして冬の陣では三万の前田隊を指揮して真田幸村《さなだゆきむら》の陣（真田丸《さなだまる》）を攻撃、夏の陣では岡山口《おかやまぐち》から大坂城へ攻めのぼっている。

戦の結果は、慶長二十年（一六一五）五月八日大坂城が炎上して落城、秀頼・淀殿が討たれて豊臣家は滅亡した。

今生の別れとなった芳春院の上洛

豊臣家を倒して天下を掌中にした家康は、もはや徳川の世に秀吉を祀った豊国社は無用と、取り潰しを決定した。このことを知った北政所は家康のもとに駆けつけて懸命に嘆願、その結果、外苑部分は取り潰すが、本殿などの立ち並ぶ内苑部分は、什器・調度類など一切を処分するが、建物だけは残すことに沙汰が変わった。神として祀ることはもうできないのである。

このことを伝え聞いた芳春院は、大坂夏の陣の翌年元和二年に家康が没したこともあり、ほとぼりのさめた元和三年（一六一七）の夏（六月？）体調が思わしくないのに京へのぼった。

芳春院が当時金沢にいた七女千世に京より書き送った書状によると、金沢を発った芳春院は「するすると」京に無事到着（十九日付）、早速御典医《ごてんい》半井驢庵《なからいりょあん》の診察を受けて薬の服用をはじめ、嵯峨に隠棲している利政《としまさ》を訪ねていた（二十一日付）。

そして二十七日には高台寺に北政所を訪ねて見舞い、たがいに「御珍しがり」昔話に花を咲かせている（二十八日付）。十六年ぶりの再会である。

芳春院と北政所の死

上洛した芳春院は、当分京にいて療養に専念するつもりでいた。驢庵の投薬と秋涼しくなったら灸をすえて…。ところが、京のうだる暑さと薬の影響からか、食が進まず、動くこと意のごとくならず、人質時代に江戸から指図して大徳寺山内に建立した芳春院を、はじめて二度ほど訪ねただけで、あとは動くこともできず「居《い》寝《ね》暮《く》らし」ていた（四日付）。

あまりの暑さに涼しくなったら出直して来ようと、無理を押して芳春院は金沢に帰って行った。ところが、その月七月十六日に城内で急逝してしまったのである。まるで利政と北政所に、そして秀吉と利家が華々しくドラマを演じた京の町に、今生の別れを告げる旅となった。

葬儀は野田山の麓にある桃雲寺《とううんじ》で営まれ、山頂に眠る利家の墓所の隣りに埋葬されている。そして分骨が大徳寺芳春院に運ばれている。七十一歳。芳春院殿花巌宗富大禅定尼。

このとき三代藩主利常は将軍秀忠の上洛に随行していたために、金沢での葬儀に参列することができず、やむなく没後三十五日の八月二十一日に京の大徳寺芳春院で法要を営んでいた。

芳春院と別れた北政所は、翌元和四年、一年にわたる大病を患い、ようやく快方に向かった元和五年、北政所の懸命な嘆願によってせっかく残されて来た豊国社のすべてを、天台宗の門《もん》跡寺《せきでら》妙《みょう》法院《ほういん》に取り上げられてしまい、悲嘆のあまり生きる気力を失った北政所はふたたび病床に伏し、五年後の寛永元年(一六二四)九月六日、高台寺山内の住房(永興院)で没していた。七十六歳。いまも高台寺の霊屋《おたまや》で眠っている。

秀吉をひそかに祀った醍醐寺と前田家

「明神ノ御神恩ハ筆舌ニ尽シ難ク、此ノ御恩忘レズ」と、秀吉の援助で復興を遂げた醍醐寺は、社殿を造営して秀吉を祀り、豊臣家滅亡後も、一山を挙げてひそかに秀吉を祀り続けていた。

秀吉の立身出世によって繁栄をもたらされた加賀藩前田家でも、二代藩主利長が前田家の産土神《うぶすながみ》として〈卯辰山王《うだつさんのう》〉の名でひそかに秀吉を祀り、歴代藩主は毎年神前に神事能を奉納して秀吉を慰めていた。

金沢の卯辰山の山中に立つ明治40年に再建された豊国神社の拝殿

醍醐三宝院の築山の上に立つ文化８年に再建された豊国明神社

ひとけが絶えたような静けさがただよう豊国神社の社頭。だが、境内はきれいに掃き清められていた

醍醐寺一山の鎮守となった秀吉

豊臣秀吉は慶長三年（一五九八）三月の醍醐の花見のあと病に倒れ、その年八月十八日に伏見城で亡くなっている。そして生前からの遺言によって、翌慶長四年四月十八日、東山阿弥陀《あみだ》ヶ峰《みね》の西の麓に豊国神社《とよくにじんじゃ》が創建されて、秀吉は豊国大明神《とよくにだいみょうじん》の神号で神となって祀られていった。

このとき、この阿弥陀ヶ峰の豊国神社のにぎわいを目のあたりにした醍醐寺の座主《ざす》（管長）義演《ぎえん》は、醍醐寺が復興を遂げたのは秀吉公のお蔭であると、「明神ノ御神恩ハ筆舌ニ尽クシ難ク、此ノ御恩忘レズ」（『義演准后《じゅごう》日記』）と、山内に豊国明神社を建立して醍醐寺一山の鎮守社とすることを思い立ったようである。

早くも翌慶長五年の一月に社殿が出来上がり、秀吉の月命日にあたる毎月十八日には必ず神前に御供《おそなえ》を供えて、秀吉に感謝する祀り事が行われていった。

三宝院内にいまも残る豊国明神社

慶長二十年（一六一五）、大坂夏の陣で豊臣家を倒した徳川家康は阿弥陀ヶ峰の豊国神社の取り潰しを決め、秀吉を神として祀ることを禁じていた。

このことを聞いた義演は日記の中で「言語道断」と家康を厳しく非難、「御供、毎月ノ如ク備エ奉ル」と、引き続き山内の豊国明神社では徳川方の厳しい監視の目をかいくぐって、ひそかに祀り事を続けていった。

その豊国明神社が、いまも醍醐三宝院の庭園の正面中央、築山の上に往時のまま残されていて、秀吉が祀られていた。石積みされた基壇の上に、銅葺《ふ》きの屋根をのせた高さ約二m、間口・奥行ともに約一mのしっかりとした社殿で、文化八年（一八一一）に再建された社殿である。

醍醐寺では毎年桜の花が咲く四月第二日曜日に、〈醍醐の花見〉に因んで〈太閤花見行列〉を催している。これも秀吉をしのび、秀吉に感謝する行事の一つで、義演の遺志はいまも山内の人たちに受け継がれてきていたのである。

前田家に繁栄をもたらした秀吉

前田利家の後を継いだ二代藩主利長《としなが》は、天正九年（一五八一）二十歳のときに織田信長の娘（玉泉院）と結婚、翌年本能寺の変で信長が討たれ、秀吉が天下人目指して疾走をはじめると、利長も父とともに豊臣軍団に属して戦っていた。

とりわけ父利家が秀吉と同い年の朋輩とあって、木下家と前田家は信長の時代から家族ぐるみの付き合いを続けていた。天下人となった秀吉は、この前田家を重用した。この結果、信長の時代わずか二十万石にすぎなかった前田家の所領は、秀吉が没したときには八十三万五千石に達し、〈加賀百万石〉の礎《いしずえ》ができあがっていた。秀吉の立身出世によって、秀吉から繁栄をもたらされた前田家である。

利家が没した後、利長は大老職を継いで秀頼を守り立てていった。だが、家康にその立場を追われ、母芳春院を人質にとられ、その上、政権が徳川方に傾き出したというのに、利長は醍醐三宝院の座主義演と同じように、秀吉を忘れなかった。

前田利長、卯辰山に秀吉を祀る

関ヶ原合戦後の慶長六年(一六〇一)、利長は金沢城の鬼門《きもん》に当たる卯辰山《うだつやま》の山中に、鬼門守護と称して〈卯辰山王社《うだつさんのうしゃ》〉を建立、ひそかに秀吉を祀った。そして、傍らに観音堂を置いて、住職に山王社の祭務を委嘱した。

利長没後の元和二年(一六一六)、三代藩主利常は夫人とともに、山王社の社殿をはじめ観音堂の堂宇を修築して一帯を整備、前田家の産土神《うぶすながみ》として崇敬《すうけい》しはじめていった。

そして元和三年(一説には元年からとも)の年から毎年四月一日、二日の両日を例祭の日と定め、能の奉納が行われていった。世上ではこの能を〈観音院の御神事能〉と呼んで、江戸時代を通じてかなり評判だったようである。

醍醐三宝院の表書院から庭園中央の築山の上に立っている豊国明神社の社殿が見える

今日残されている史料をみると、能の演目も、初日は翁・田村・熊野・満仲《まんじゅう》・張良《ちょうりょう》・大江山、二日目は翁・加茂・羽衣・道成寺・石橋・烏帽子折《えぼしおり》などと決まっていたようで、早朝祭典執行のあと神事能に移り、この日藩主は代参を立て、武士の参詣には礼服着用を義務づけていた。

明治維新後、ベールを脱いだが…

明治二年（一八六九）五月、加賀藩最後の藩主となった十四代慶寧《よしやす》（当時金沢藩知事）は、「豊国大明神」と秀吉の神号を自書して卯辰山王社の社頭に掲げ、社名を「豊国神社」に改めていた。そして「豊国神社は藩公代々産土神として崇敬してきた特別の神社ゆえ、維新を迎えて諸事改まったが、旧来通り年四十石を寄進する」と、藩庁よりも通達が出されていた。

利長が〈卯辰山王社〉の名でひそかに祀った秀吉は、加賀百万石前田家の生みの親・産土神となって、江戸時代、代々の藩主に守り伝えられていき、明治維新後、ようやくベールを脱いで〈豊国大明神〉の本来の姿を現したのである。

だが残念なことに、大正五年（一九一六）金沢市が卯辰山への登山道路（車道）を、新たに神社を離れたところに布設したため、参詣に不便となって神社は衰退の一途を辿り、いまでは金沢の人たちですら卯辰山に秀吉が祀られていることを知る人は少なくなってしまっていた。

卯辰山の登山道路から分け入った豊国神社への道。雑木や竹林の生い茂った寂しい道である

秀吉と北政所の守り本尊

豊臣秀吉の正室であった北政所ねねは、東山にある高台寺山内の霊屋《おたまや》で眠っている。

その霊屋の正面中央、須弥壇《しゅみだん》の上に安置された厨子《ずし》の中に、秀吉の守り本尊随求菩薩《ずいぐぼさつ》と北政所の念持仏《ねんじぶつ》千躰《せんたい》地蔵尊が祀られている。

秀吉に開運・出世をもたらした随求菩薩は、わずか五・二センチの小さな木像。

江戸時代、秀吉の木像とともに大坂の町に赴いて、堂々と開帳《かいちょう》を行っていた。

北政所の墓所・高台寺

京都東山にある高台寺は、豊臣秀吉の正室であった北政所ねねの菩提所《ぼだいしょ》として知られている。

寛永元年（一六二四）九月六日、高台寺山内の住房（現・円徳院北庭の地）で没した北政所ねねは、甕棺《かめかん》に納められて、翌七日夕刻、兄木下家定の次男利房《としふさ》（足守《あしもり》藩主）と三男延俊《のぶとし》（日出《ひじ》藩主）のふたりに担がれ、住房から高台寺に運ばれていき、霊屋に埋葬されている。霊屋内の正面左手、北政所像が安置されている厨子の須弥壇《しゅみだん》下が墓所で、ここで北政所は眠っている。

美しい霊屋である。黒漆《くろうるし》の塗られた須弥壇の階段の手すり（勾欄《こうらん》）や柱や長押《なげし》に、笛や琵琶《びわ》、筝《こと》、太鼓《たいこ》などの楽器に天女の衣を絡ませた〈楽器尽くし〉と呼ばれる文様《もんよう》が、階段には、川面《かわも》を流れる筏《いかだ》の上に桜の花が舞い散っている〈花筏《はないかだ》〉の優美な文様が蒔絵《まきえ》されている。

そして、秀吉像を安置した厨子の扉の表にはすすきに桐の紋が、裏面には菊と紅葉と桐紋の図が、北政所の厨子の扉には表裏ともに松に篠竹の図が、金蒔絵に梨地《なしじ》をまじえて描かれている。〈高台寺蒔絵〉と呼ばれている桃山時代を代表する蒔絵である。

秀吉と北政所の守り本尊

この霊屋の正面中央、須弥壇の上に黒漆塗りの厨子が据っている。この厨子の扉を開けると、さらに中に、菊花紋の飾り金具をつけた古色然とした黒漆塗りの見事な厨子が納まっている。どうやら外側の厨子は内部の厨子を保護するために後年に作られたようで、この内部の厨子に、秀吉と北政所の念持仏・守り本尊が納まっていた。秀吉と北政所のふたりが、折にふれて手を合わせ、念じ続けてきた、いうなれば豊臣家の仏壇・厨子である。

厨子の正面中央に北政所が信心していた一枚板に1000躰の地蔵尊を刻み込んだ千躰地蔵尊があり、その背後の台座の上に秀吉の守り本尊を納めた小さな厨子が祀られている

扉を開けると、その扉の裏面に釈迦《しゃか》の誕生から涅槃《ねはん》にいたる仏伝図《ぶつでんず》が、細密な筆致で色鮮やかに描かれている。

そして、その厨子の正面中央に香炉《こうろ》が置かれ、その左右に持国《じこく》天《てん》・増長天《ぞうちょうてん》・広目天《こうもくてん》・多聞天《たもんてん》の四天王《してんのう》木像（像高一二・八〜一三・〇センチ）が祀られている。この香炉の後ろにある台座に背をもたせるようにして、一枚板に一〇〇〇躰の地蔵尊を刻みこんだ千躰地蔵尊が安置されている。北政所が幼少の頃から信心していたといわれる千躰地蔵尊である。

そして、その背後の台座の上に、さらに朱塗りの小さな厨子があって、その中に吉祥《きっしょう》天《てん》・毘沙門天《びしゃもんてん》（像高四・三、四・八センチの木像）を従えた随求菩薩《ずいぐぼさつ》（像高五・二センチの木像）の三尊の像が祀られている。秀吉が戦場に赴く際、必ず持参したという言い伝えのある、秀吉の念持仏・守り本尊であった随求菩薩である。この随求菩薩は観音菩薩の変身で、この菩薩に念ずれば願いが叶うといわれた仏である。

高台寺と開帳

江戸時代、高台寺では諸堂の修復費用を捻出するため、秀吉と北政所の遠忌《おんき》（五十年目ごとの法会《ほうえ》）の年がくると、その年の三月三日から五十日間、寺内の大方丈や小方丈に、この念持仏・守り本尊をはじめ、秀吉と北政所の遺品類を所狭しと展示して、大がかりな開帳《かいちょう》を行っている。徳川の幕政下という、豊臣家ゆかりの寺にとっては息の詰まる時代にである。

京の人たちは高台寺の開帳をみて、みないち様に滅亡という悲惨な歴史を思い起こし、秀吉を追慕《ついぼ》、たいへんな評判だったと伝えている。

秀吉の厨子の内部。中央が秀吉の守り本尊随求菩薩。右が吉祥天。左が毘沙門天である。戦場に赴く際、必ず持参していった厨子だといわれている

その高台寺が、秀吉の百五十回忌にあたった延享《えんきょう》四年（一七四七）に、大胆なことを計画した。大坂の町での〈秀吉公開帳〉である。

大坂の町は秀吉の居城のあった町で、この町で豊臣家は滅亡している。この大坂の町で秀吉・北政所の念持仏・守り本尊を開帳仏に据えて、遺品類を展示、大がかりな開帳を行えば、秀吉の供養となるばかりか、大坂の町の人たちにも大きな感動と感銘を与えることは間違いなかったからである。

大坂へ里帰りした秀吉

当時、京（山城国）を離れ、大坂（摂津国）など、他国に赴いて開帳を行う場合には、江戸の寺社奉行所に届け出て、許可を得る必要があった。

高台寺は翌寛延《かんえん》元年十月十五日、寺僧ふたりに申請の書類を持たせて江戸へ遣った。届け出を受けた寺社奉行所では、この開帳は影響が大きいと閏《うるう》十月のひと月をかけて慎重に審議、十一月六日になって裁決を下した。このとき許可の決定を下したのが、今日テレビなどでお馴染みの、あの大岡越前守忠相《ただすけ》である。

許可を受けた高台寺は、早速大坂開帳の準備にとりかかり、開帳の会場に生玉社《いくたましゃ》（現・生《い》国《く》魂《たま》神社）を決めると、その年の暮れには

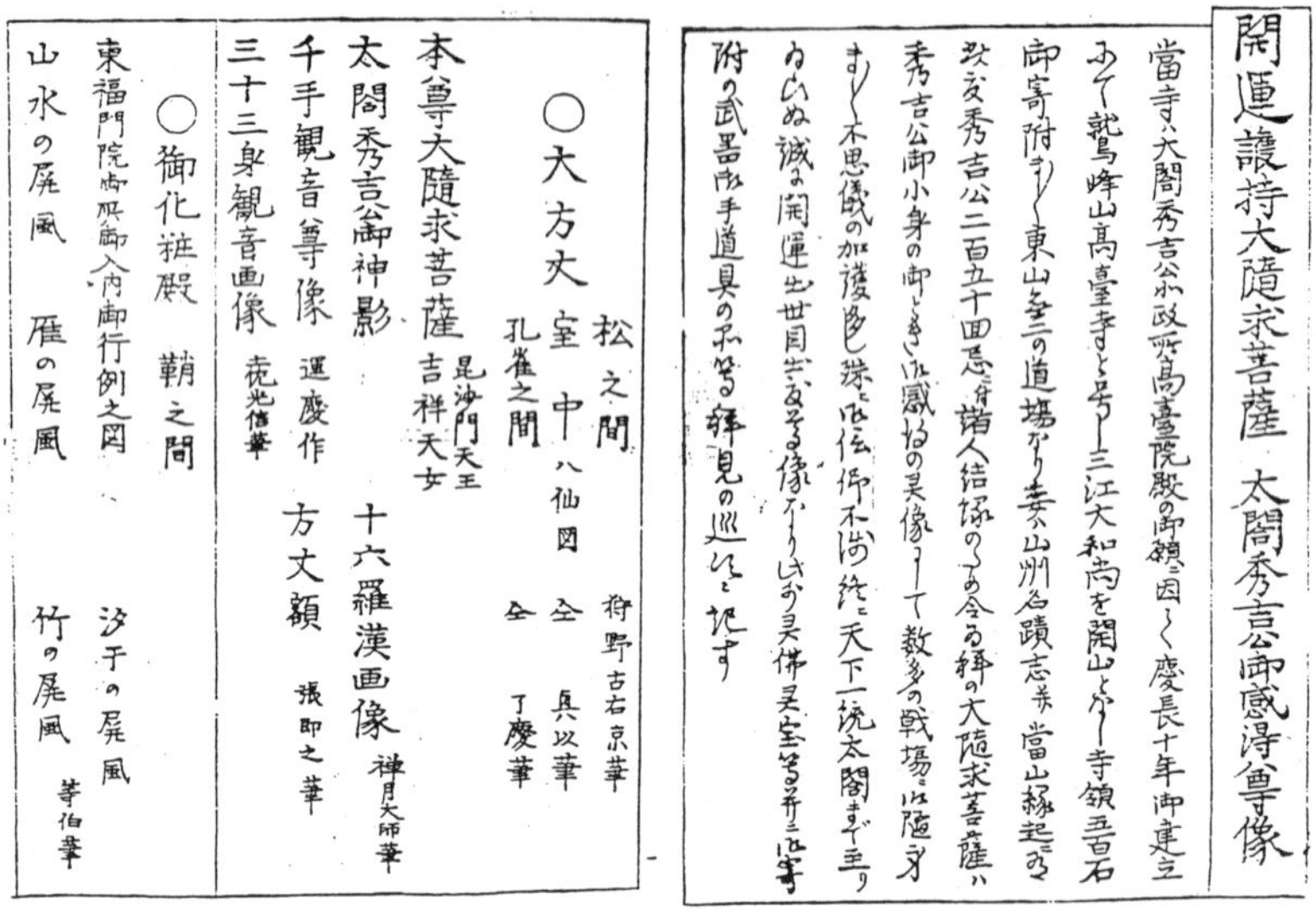

開運護持大随求菩薩　太閤秀吉公御感得尊像

當寺ハ太閤秀吉公北政所高臺院殿の御願ニ因て慶長十年御建立
ニして鷲峰山高臺寺と号し三江大和尚を開山とし寺領五百石
御寄附ましく東山無二の道場なり委ハ山州名蹟志并當山縁起ニ見
然ニ秀吉公二百五十回忌ニ付諸人結縁の為今爰ニ拝ハ大随求菩薩ハ
秀吉公御小身の御ときより御感得の尊像ニして数多の戦場ニ随身
ましく不思儀の加護多く殊ニ仏佛不思議ニ天下一統太閤まで至り
たまひぬ誠ニ開運出世同尊なる像なりけり此外尊佛尊宝品々并ニ此寺
附の武器御手道具の品々拝見の巡ルを記す

○大方丈
松之間　狩野古右京筆
室中　八仙図　仝　其以筆
孔雀之間　仝　了慶筆
本尊大随求菩薩　毘沙門天王　吉祥天女
太閤秀吉公御神影
千手観音尊像　運慶作
三十三身観音画像　光信筆
十六羅漢画像　禅月大師筆
方丈額　張即之筆
○御化粧殿　鞘之間
東福門院御所御入内御行列之図
山水の屏風　雁の屏風
汐干の屏風
竹の屏風　等伯筆

秀吉250回忌に当たった嘉永元年（1848）、高台寺が開帳の際に発行した開帳の目録（部分）

心斎橋・天神橋・難波橋など主要な橋のたもとに開帳を知らせる立て札を建て終えている。

そして翌寛延二年二月二十四日、開帳の会場に展観される秀吉の木像をはじめ、秀吉と北政所の守り本尊、遺品類がつぎつぎと高台寺を出発、大坂に到着すると、行列を組んで大坂の町々を練り歩き、生玉社に繰り込んでいる。

こうして三月三日より四月二十三日までの五十日間開かれた大坂での開帳は、豊臣家滅亡後、百五十年ぶりの秀吉公の里帰りとあってたいへんな評判を呼び、連日押すな押すなの盛況だったと伝えている。

遠忌の年に堂々と法会を営み、開帳を催すなど、江戸時代を通じて、秀吉と北政所のふたりの冥福を祈り続けていた寺は、この高台寺だけだったのである。

側室・その他

西郡局と本禅寺

三河西郡城の城主の娘が徳川家康の寵愛を受けて、出身の地に因んで〈西《にし》郡局《ごおりのつぼね》〉と呼ばれる側室となり、一女を生んだ。家康の二女督姫《とくひめ》である。この督姫を娶った三河吉田十五万石の池田輝政は、一躍播州姫路五十二万石の太守となって移封された。

本禅寺の境内墓地で寄り添っている西郡局と督姫の墓。西郡局は姫路の青蓮寺（現兵庫県宍粟市《しそうし》）に、督姫は京都東山の知恩院に、それぞれ分骨されて墓がある

戦国三大英雄と女達

洋の東西を問わず〈英雄色を好む〉といわれている。わが国でも、戦国時代を制した織田信長・豊臣秀吉・徳川家康の、いわゆる戦国時代の三大英雄と呼ばれている人たちも、その例に洩れなかったようである。

信長は、正室濃姫《のうひめ》の間に子は作らなかったが、側室《そくしつ》との間に男子十一人、女子は養女を含めて十一人、あわせて二十二人の子を生ませている。数少ない史料のため、今日判明している信長の側室であったと思われる女性は、生駒家宗《いこまいえむね》の娘・坂氏《ばんし》の娘・土方雄久《ひじかたかつひさ》の娘など六名が挙がっている。だが、生まれた子の数から推して、側室と思われる女性は、まだ他にもかなりいたに違いない。信長は生まれた子のうち、嫡男信忠《ちゃくなんのぶただ》ひとりを手元に置いて、あとは政略《せいりゃく》結婚の道具として、つぎつぎと送り出してしまっている。

一方、秀吉は正室《せいしつ》北政所《きたのまんどころ》のほかに十六人の側室がいたといわれている。そのうち、今日名や素姓《すじょう》の判る者は、淀殿《よどどの》・松《まつ》の丸《まる》殿・三の丸殿など九名。いずれも十代の頃に秀吉の目に留まって枕席《ちんせき》にはべることになった名門育ちのピチピチのギャルたちばかり。生まれた子供は、淀殿が棄丸《すてまる》（鶴松《つるまつ》）・秀頼の二人を生んだだけ。そのため秀吉は一時七人の養子を迎えている。

家康は築山殿《つきやまどの》についで、秀吉の妹旭《あさひ》を正室に迎えたが、ほかに十五人の側室がいた。生まれた子供は十九名。家康もまた秀吉と同じように、陣中にまで側室たちを同伴。小牧《こまき》・長久手《ながくて》の戦いには〈阿茶局《あちゃのつぼね》〉を同伴、文禄《ぶんろく》の役《えき》には肥前名護屋《ひぜんなごや》の陣所《じんしょ》にまで〈お牟《む》須《す》の方《かた》〉を連れていき、

寺町通今出川下ルにある本禅寺の表門

慶長十九年（一六一四）から二十年にかけて行なわれた大坂冬・夏の陣には、〈お梶《かじ》の方〉と〈お六《ろく》の方〉を同伴、片時も女性たちを手放さなかったといわれている。

西郡局と娘・督姫

　家康の側室のひとりに〈西郡局〉と呼ばれる女性がいた。『幕府祚胤伝《ばくふそいんでん》』や『以貴小伝《いきしょうでん》』など、徳川幕府の歴代将軍の正室・側室たちの出身・経歴などを記録した資料によると、西郡局は三河西郡《みかわにしごおり》城の城主鵜殿《うどの》三郎長持《ながもち》の娘で、天正《てんしょう》のはじめに浜松の家康の許で侍女《じじょ》として仕えるうちに、やがて家康のお手が付いて側女《そばめ》となり、天正三年（一五七五）十一月十一日に、家康の第二女にあたる督姫を生んでいる。

　この督姫、天正十二年（一五八四）、九歳のときに、家康の政略結婚策によって関東《かんとう》の雄《ゆう》といわれた北条《ほうじょう》氏《し》の五代目北条氏直《うじなお》の許に輿入《こしい》れする。だが、天正十八年（一五九〇）北条氏は豊臣秀吉に攻め立てられて、居城《きょじょう》小田原城《おだわらじょう》は落城、氏直は高野山に追放されて、翌年高野山で没していた。このとき督姫は家康の許に戻っていた。

家康の二女を娶って

バツイチとなった督姫は、四年後の文禄三年（一五九四）八月、秀吉の仲立ちで三河吉田城主十五万石の池田輝政《てるまさ》と再婚する。

輝政も、当初摂津《せっつ》茨木《いばらき》城主中川清秀《きよひで》の娘・糸姫《いとひめ》と結婚、長男利隆《としたか》をもうけていたが、糸姫があまりにも病弱であったために離別してしまっていた。

バツイチ同士の再婚であったが、家康の二女督姫を娶《めと》ったことによって、輝政は慶長五年（一六〇〇）の関ヶ原の合戦後、一躍播州姫路城五十二万石の太守《たいしゅ》となって移封された。

そればかりか、督姫との仲も睦まじく、慶長四年（一五九九）に長男忠継《ただつぐ》を、七年（一六〇二）に二男忠雄が生まれると、家康は慶長八年（一六〇三）八月、当時まだ四歳という長男忠継に備前岡山二十八万六千石を与え、慶長十五年（一六一〇）には二男忠雄にも淡路六万三千石を与えていた。

本禅寺に眠る母・娘

家康の寵愛《ちょうあい》を受けて、西郡局は生み落とした娘ともども、幸せの絶頂にいた。人々は輝政を「西国《さいごく》将軍」と呼び、娘を「播磨御前《はりまごぜん》」と呼んで畏敬《いけい》した。

本禅寺の境内墓地を預かる塔頭心城院

だが、その幸せの最中、慶長十一年（一六〇六）五月十四日、西郡局は伏見城で没し、「京都一条本禅寺に葬」られていた。（『幕府祚胤伝』）

西郡局は、いまも本禅寺の境内墓地で眠っている。法名「蓮葉院殿日浄」（年齢不詳）。その傍らに督姫も眠っていた。

督姫は母西郡局が没すると、悲嘆のあまり姫路城下に青蓮寺《しょうれんじ》を建立して母の位牌を安置、法華宗の僧日教に供養させている。

だが、慶長十八年（一六一三）一月二十五日、夫輝政が没すると、督姫も後を追うように、二年後の慶長二十年（一六一五）二月五日、京の二条城で没していた。享年四十歳。

阿茶局と上徳寺

結婚、そして夫と死別後、家康に召し出されて側室《そくしつ》となった阿茶局《あちゃのつぼね》。寵《ちょう》愛《あい》されて戦場にも随行《ずいこう》。大坂冬の陣では和平の使者となって、豊臣方と和議《わぎ》を結んで来た才女《さいじょ》。家康没後も落飾《らくしょく》を許されず、秀忠の娘東福門院和子《とうふくもんいんまさこ》の入《じゅ》内《だい》に母代りの大役を務めた出色《しゅっしょく》の側室であった阿茶局。

上徳寺の境内墓地に立つ阿茶局の供養塔。25歳の阿茶が家康に召し出されたとき家康は38歳。その年、家康の側室西郷局《さいごうのつぼね》が２代将軍秀忠を生んでいる

和平の使者は女性たち

慶長十九年(一六一四)十月、方広寺大仏殿の梵鐘《ぼんしょう》の銘文《めいぶん》をめぐって、突如徳川方が豊臣方を挑発《ちょうはつ》して〈大坂冬《ふゆ》の陣《じん》〉が勃発《ぼっぱつ》した。

大坂城を包囲した徳川方は総勢二十万余。城内に籠《こ》もった豊臣方は浪人者を主とした十万余。だが、さすがに豊臣秀吉が築いた難攻不落の城である。徳川方は包囲網を縮めはしたが、攻め落とす決め手を欠いて、戦いは膠着《こうちゃく》状態に陥っていた。そこで家康は局面を打開するため、和平を提案した。巧妙な家康の謀略《ぼうりゃく》である。だが、豊臣方は和平に反対、とりわけ淀殿は猛烈に反対した。

ところが、十二月十六日、徳川方の大砲の一斉砲撃で事態は一変した。砲弾の一発が、淀殿の居間の柱を直撃、侍女七、八名が即死、城内は大混乱に陥っていた。

このことを知った家康は、城内に淀殿の妹(お初《はつ》)で京極高次《きょうごくたかつぐ》と結婚、いま未亡人となっている常高院《じょうこういん》がおり、徳川方の中に常高院の生んだ子・京極忠高《ただたか》がいるのを幸いに、十八日、常高院を忠高の陣に呼び出し、家康も女性を遣《や》って、女性を通じて和平交渉を開始した。このとき徳川方の代表を務めたのが、家康の側室であった阿茶局《あちゃのつぼね》である。大坂城の濠《ほり》を埋め立てて難攻不落の城を裸城《はだかじょう》に替えてしまおうという家康の策略《さくりゃく》である。

和平交渉は十九日も行なわれ、家康が全軍に停戦命令を発したのは二十日。その日の夜、大坂城から常高院が茶臼山《ちゃうすやま》に家康を訪ねて、家康の誓書《せいしょ》を受け取り、二十二日には阿茶局が大坂

上徳寺入り口山門。毎年２月８日は世継地蔵尊大祭。各地より参詣者が殺到する

城に秀頼・淀殿を訪ねて、秀頼の誓書を受け取り交渉は成立した。

結婚・死別そして側室

和平交渉を成功させた家康の側室阿茶局は、武田《たけだ》信玄《しんげん》の家臣であった飯田筑後直政《いいだちくごなおまさ》の娘・須和《すわ》。天文《てんぶん》二十四年（一五五五）の生まれである。須和は天正《てんしょう》元年（一五七三）十九歳のときに今川義元《よしもと》の家臣であった神尾孫兵衛忠重《かんおまごべえただしげ》と結婚、一子猪之助《いのすけ》（五兵衛《ごへい》とも）をもうけていたが、天正五年（一五七七）に忠重と死別した。家康が今川家の人質《ひとじち》であった頃、今川家の侍大将《さむらいたいしょう》であった忠重になにかと世話になったようである。その縁で天正七年（一五七九）須和（二十五歳）は家康に召し出されて側室となり、〈阿茶〉と呼ばれた。子の猪之助も、のちに二代将軍秀忠《ひでただ》に小姓《こしょう》として仕え、刑部少輔《ぎょうぶしょうゆう》となって三千石余を与えられていた。

東福門院の御母代

阿茶は〈才色兼備《さいしょくけんび》〉の器量人《きりょうにん》であったといわれ、誰しもがみな「殊に出頭《しゅっとう》せし人」と認めている。家康は、この豊かな才知に恵まれた阿茶を殊《こと》の外《ほか》に寵愛《ちょうあい》、片時も手放さなかったようで、天正十二年（一五八四）秀吉と戦かった〈小牧《こまき》・長久手《ながくて》の戦い〉の際、家康は阿茶を同伴、このとき阿茶は懐妊した子を戦場で流産するという悲運に見舞われている。

だが、大坂冬の陣では、家康の思い通りに和議を成功させるなど、政治向きにも働いていた。

元和《げんな》二年（一六一六）四月、家康が没すると、阿茶は薙髪《ちはつ》して仏門《ぶつもん》に入ることを望んだ。だが、家康の遺命によって髪を切ることも許されず、元和六年（一六二〇）二代将軍秀忠の五女和子《まさこ》（東福門院《とうふくもんいん》）が、後水尾《ごみずのお》天皇の女御《にょうご》として入内《じゅだい》したとき、御母代《おんははしろ》（母に准ずる人）として供奉《ぐぶ》、元和九年（一六二三）十二月、東福門院和子が懐妊すると、皇女《こうじょ》（明正《めいしょう》天皇）誕生のときまで側近くにあって奉仕、大任を果たしていた。その功によって後水尾天皇より女性としては最高の〈従一位《じゅいちい》〉に叙《じょ》され、〈神尾一位殿《かんおいちいどの》〉〈一位尼公《いちいにこう》〉〈一位の局《つぼね》〉と呼ばれていた。

寛永《かんえい》九年（一六三二）秀忠が没すると、はじめて剃髪《ていはつ》して〈雲光院《うんこういん》〉と号し、菩提所《ぼだいしょ》建立の地を与えられていた。

阿茶局が没したのは寛永十四年（一六三七）一月二十二日、東京・深川にある雲光院で眠っている。法名・雲光院殿正誉周栄大姉。享年八十三歳。

上徳寺の本堂

上徳寺に眠る阿茶局

京の富小路通五条下ルに〈世継《よつ》ぎのオ地蔵サン〉で親しまれている塩竈山《えんそうざん》上徳寺《じょうとくじ》と呼ぶ浄土宗の寺がある。この寺の境内墓地で阿茶局が眠っていた。

寺伝によると、この寺は慶長八年（一六〇三）徳川家康の帰依《きえ》を受けて、阿茶局の叔父に当たった僧伝誉蘇生《でんよそせい》上人が開創した寺。その由縁で、寛永十四年（一六三七）阿茶局が没すると、境内に供養塔が建立されて、阿茶の供養がいまも続いていた。

振姫と金戒光明寺

徳川家康に献上された美女のひとりが、家康の三女振姫《ふりひめ》を生んだ。成長した振姫は会津藩主に嫁《とつ》いでいくが、夫と死別するや〈父は大御所家康、兄は二代将軍秀忠、この私も〉と会津藩政を牛耳《ぎゅうじ》っていく。見兼ねた家康は振姫を再婚させて会津から引き離していく。

御影堂《みえいどう》西隣りの墓地奥に眠る家康三女振姫の墓所。古絵図には三間四方の御霊屋《みたまや》が覆っていたが今はない

穴山梅雪　美女を献上

武田信玄《しんげん》が没して、その子勝頼《かつより》の代に入ると、甲斐《かい》国に君臨して来たさしもの武田王国にも翳《かげ》りが出始め、重臣たちの離脱・離反がはじまっていた。

とりわけ武田家と姻戚《いんせき》関係にあった親族衆《しんぞくしゅう》のひとり木曽義昌《きそよしまさ》が離反して織田軍団を信濃に案内、同じく親族衆のひとり穴山信君《あなやまのぶきみ》（梅雪《ばいせつ》）も勝頼を見限って徳川家康を駿河《するが》に手引きしたため、武田王国は一気に崩壊へと加速した。

このとき、穴山梅雪は家康の歓心《かんしん》を買うために、人質として二人の美女を差し出している。家臣秋山越前守虎康《とらやす》の娘と市川十郎左衛門昌永《まさなが》の娘である。家康はこの二人の美女を早速〈於《お》都摩の局《つまのつぼね》〉と〈於竹の方《おたけのかた》〉と名付けて側室にした。この於竹の方が天正《てんしょう》八年（一五八〇）十月、浜松城で家康の三女振姫を生んだ。

蒲生家に嫁いだ振姫

文禄《ぶんろく》四年（一五九五）二月七日、会津若松九十二万石の城主蒲生氏郷《がもううじさと》が急逝《きゅうせい》した。豊臣秀吉は氏郷の死を悼《いた》み、嫡男鶴千代《つるちよ》（秀行《ひでゆき》）に遺領の相続を認め、このとき家康の三女振姫と婚約させている。当時鶴千代は十三歳とあって徳川家康・前田利家《としいえ》・浅野長政《ながまさ》の三人に鶴千代を後見するように命じていた。

慶長《けいちょう》二年（一五九七）、秀吉から一字を与えられて〈秀行〉と名を改めた鶴千代（十五歳）

〈高麗門《こうらいもん》〉と呼ばれる背の高い堂々たる通用門。この門を潜って境内に入り三門を経て御影堂へと向かう

は振姫（十八歳）と祝言《しゅうげん》を挙げた。ところが、このとき家臣たちの間で激しい派閥抗争《はばつこうそう》がはじまっていた。蒲生家の宿命《しゅくめい》である。近江日野《おうみひの》五万石から伊勢松阪《いせまつざか》十二万石、そして会津若松九十二万石と、転封のたびに石高に見合った家臣を召し抱えている。当然のように〈譜代《ふだい》〉と〈新参《しんざん》〉の者たちとの争いが頻発して傷害事件にまで発展した。

蒲生家の内紛を知った秀吉は、慶長三年（一五九八）正月、〈大封《たいふう》を全《まっと》うし得《え》ず〉を理由に、会津若松九十二万石を没収して下野宇都宮《しもつけうつのみや》十八万石に移封した。秀行の去った後には越後春日山城《えちごかすがさんじょう》上杉景勝《うえすぎかげかつ》が百二十万石で入封《にゅうふう》した。

再び会津に復帰

慶長五年（一六〇〇）関ヶ原の合戦後、秀行は戦後の論功行賞《ろんこうこうしょう》によって、ふたたび会津に六十万石で復帰した。振姫の父家康への懸命な働きかけである。

復帰を果たした秀行は藩政改革を断行、首席家老《しゅせきかろう》で

〈黒谷サン〉で親しまれている金戒光明寺の御影堂。東山知恩院・寺町清浄華院・百万遍知恩寺と共に浄土宗四大本山の一つ

あった氏郷の代からの重臣蒲生源左衛門《げんざえもん》郷成《くになり》を罷免《ひめん》して、新たに弱冠二十三歳の岡半兵衛《おかはんべえ》重政《しげまさ》を抜擢《ばってき》した。またしても派閥抗争が勃発《ぼっぱつ》した。だが、家臣の多くが重政を支持したため、郷成一派は会津を早々に退去して事なきを得た。

　ところが慶長十六年（一六一一）八月二十一日、会津地方を大地震が襲った。氏郷が築いた天守閣は傾き、石垣は崩れ、城下一帯家屋の大半が倒壊した。復興に取り組む岡半兵衛重政の活躍は目覚ましかった。ところが、その最中、翌十七年（一六一二）五月十四日藩主秀行が三十歳の若さで病没してしまったのである。振姫との間に残された子は二男一女。嫡男亀千代《かめちよ》（忠《ただ》郷《さと》）はまだ十歳である。

会津藩主はこの私

〈亀千代が元服《げんぷく》するまで、自ら藩政の先頭に立とう〉

秀行と死別した振姫は奮い立った。父は大御所家康、兄は二代将軍秀忠である。自分にもという自尊心があった。だが、打ち出した施策は地震で倒壊した社寺を再建して寄進することであった。当然藩政再建に必死に取り組んでいる岡半兵衛重政と衝突した。

激怒した振姫は、藩主に逆らう者として重政を幽閉、駿府にいる父家康の許に訴えて出た。この結果、重政は駿府《すんぷ》に召喚《しょうかん》されて〈主君に背《そむ》く者〉として、有無をいわせず死罪に処せられていた。だが、さすが家康も後ろめたく思ったのか、大坂夏の陣後の元和《げんな》二年（一六一六）正月、振姫を会津から引き離して、紀伊和歌山城主浅野長晟《ながあきら》と再婚させていた。

金戒光明寺に眠る振姫

振姫は夫秀行との間に生まれた娘を、慶長十九年（一六一四）四月、肥後熊本城主加藤忠廣《ただひろ》に嫁がせ、二人の男子（忠郷《たださと》・忠知《ただとも》）を会津に残して、元和二年（一六一六）四月和歌山の浅野長晟の許に輿入《こしい》れした。そして翌三年（一六一七）八月十二日に一子光晟《みつあきら》を出産したが、高齢出産のためか、生まれた子を残してその月の二十九日に没していた。享年三十八歳。

葬儀の導師《どうし》を務めたのは京の金戒光明寺《こんかいこうみょうじ》の第二十七世桑誉了的上人。振姫はいまも金戒光明寺の境内墓地で眠っている。法名・正清院殿泰誉貞安大禅定尼。

夫、浅野長晟は、元和四年（一六一八）四月、振姫追善のために、寺領百石を寄進。三間四方の御霊屋《おたまや》を建てて墓塔を覆い、御影堂から廊下をもって通じていたが、現在はない。

お亀の方と八幡正法寺

家康の寵愛を受けて〈お亀《かめ》の方《かた》〉〈お亀の局《つぼね》〉と呼ばれた八幡志水《しみず》家の娘〈亀〉。懐妊《かいにん》して生み落とした子は家康の九男義直《よしなお》。徳川御三家・尾張《おわり》徳川家の藩祖の生母となった亀は、尾張家安泰の礎《いしずえ》を築き上げたばかりか、亀一族にも繁栄をもたらしていた。

子の竹腰正信によって実家志水家の菩提所正法寺の本堂裏手に建立された母相応院の墓。右隣りに正信の墓が寄り添っている

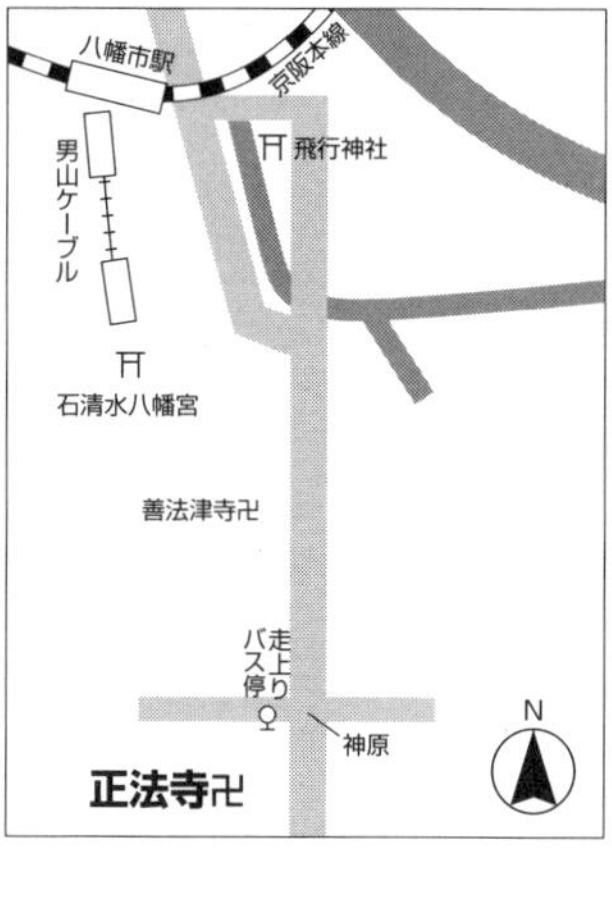

家康の九男義直誕生

文禄《ぶんろく》三年（一五九四）、亀と呼ぶひとりの女性が徳川家康の目に止まって、伏見の屋敷に呼ばれた。年二十二歳。ところが、この亀には結婚歴があって、夫竹腰正時《たけのこしまさとき》との間に、子の伝次郎（小伝次とも）まで生まれていた。だが、このとき亀は、夫正時が亡くなってしまったために（討ち死とも切腹とも）、子を連れて八幡にある実家に戻って、京の町で奉公をしていたときである。

家康に見染められて伏見の屋敷に入った亀は、翌文禄四年（一五九五）三月、家康の八男に当たる仙千代《せんちよ》を生んだ。ところが、この仙千代は六歳になった慶長五年（一六〇〇）二月に病没する。するとすぐに亀はまたも懐妊して、その年慶長五年十二月二十八日に、まるで仙千代の生まれ変わりのように、家康の九男となる一児を生んだ。のちに徳川御三家のひとつ、尾張徳川家の藩祖となる義直である。

一変した一族の者たち

義直は慶長八年（一六〇三）四歳のときに家康から甲斐《かい》国（甲府）二十五万石を与えられている。そして、五年後の慶長十二年（一六〇七）、家康の四男忠吉《ただよし》が二十八歳で病死、後継ぎがいなかったために、忠吉の遺領尾張六十二万石が義直に与えられた。だが、当時義直は八歳とあって、母の亀とともに駿府《すんぷ》城（静岡）にいて、尾張の政務は忠吉時代の家老平岩親吉《ひらいわちかよし》に当たらせていた。

ところが、のちに家康の十男頼宣《よりのぶ》（紀州）と十一男頼房《よりふさ》（水戸）とともに〈徳川御三家《ごさんけ》〉が形づくられて来ると、家康の寵愛を受けていた亀も〈尾張徳川家の藩祖の生母〉となって人々から敬慕されて、先夫の遺児であった伝次郎も、八幡の実家の者たちも、思いもかけぬ恵まれた生活がはじまっていた。

素姓を隠した亀の父

亀が義直を懐妊中のときである。家康から実家のことを尋ねられた亀は、父は石清水八幡宮《いわしみずはちまんぐう》の修験者《しゅげんじゃ》ですと答えると、家康は、そのことは今後一切他言せず、ただちに父を還俗《げんぞく》させて頭髪を伸ばすようにと厳命した。

正保２年（1645）55歳で没した竹腰正信の墓（法名　正信院殿安誉道輝大居士）

　そして、髪が伸びると、家康は亀の父に「志水《しみず》八右衛門《はちうえもん》」の名を与えて、若党《わかとう》・草履取《ぞうりと》り・挟箱《はさみばこ》持《も》ち・道具持ちを一名ずつ、合せて主従五人の旗《はた》本《もと》の格式で江戸城に登城させた。このとき老中《ろうじゅう》本多正信《ほんだまさのぶ》が付き添って、江戸城芙蓉《ふよう》の間で老中列《れつ》座《ざ》する中、家康の上意《じょうい》であるとして八右衛門に三千石の知行《ちぎょう》を与え、従五位下・加賀守《かがのかみ》に任じていた。

相応院と正信の墓を見守っている志水家歴代当主と一族の墓

また亀の遺児伝次郎は、当初家康の御側《おそば》小姓に取り立てられていたが、義直が誕生すると、名も〈竹腰正信《たけのこしまさのぶ》〉と改め、慶長十五年（一六一〇）に尾張藩主を代々監督・補佐する〈付家老《つけがろう》〉に任ぜられていた。正信は義直より十歳年上の兄に当たった。兄が弟を補佐していくことは亀の願いでもあり、家康のお亀の方への思いやりであったともいわれている。

正法寺に眠る一族

元和《げんな》二年（一六一六）四月、家康が没したため、お亀の方は髪を下して〈相応院《そうおういん》〉と号し、駿府城を出て、義直の住む尾張名古屋城に移り住んでいる。

義直の傍に付家老となった竹腰正信が三万石の知行を得て仕えていた。実家の志水八右衛門も一万石の知行を得て、尾張徳川家の家臣団の重臣となって働いていた。

そして義直も、尾張家二代藩主となる光友《みつとも》が生まれ、三代将軍徳川家光《いえみつ》の長女千代姫《ちよひめ》を光友の正室とすることも決まって、亀はなに不足ない満ち足りた日々が続いていた。

没したのは寛永十九年（一六四二）九月十六日。法名相応院殿信誉公安大姉、享年七十歳。

正法寺の本堂。本尊阿弥陀如来像。広大な寺地に華麗な堂宇が立ち並んでいる

義直は早速生母相応院のために、名古屋に浄土宗の寺〈宝亀山相応寺〉を建立して菩提を弔っていた。

八幡にある浄土宗の寺・徳迎山《とっこうさん》正法寺《しょうぼうじ》（八幡市八幡清水井）は、亀の実家志水家が歴代の菩提所としていた寺。のちにあわせて相応院の菩提所となってからは、尾張徳川家の庇護《ひご》を受けて朱印《しゅいん》五百石の格式ある寺となった。本堂・大方丈・唐門は重要文化財、小方丈・書院・鐘楼は府指定の文化財という見事な寺である。本堂裏の境内墓地に、相応院の墓に隣り合せて、付家老となった子の竹腰正信が、そして志水家歴代の墓がこの二人を見守っていた。

右衛門佐局と八幡神應寺

〈犬公方《いぬくぼう》〉といわれた五代将軍徳川綱吉《つなよし》。このとき大奥内は、正室信子と綱吉の生母桂昌院《けいしょういん》一派とが水面下で争っていた。正室信子は京から名門の娘を迎えて大奥の秩序を取り戻していく。その大任を果たしたのが才色兼備の常磐井《ときわい》こと右衛門佐局《うえもんのすけのつぼね》。

神應寺境内墓地に立つ右衛門佐の供養塔。三面にびっしり文字が刻まれているが残念ながらいまは判読困難

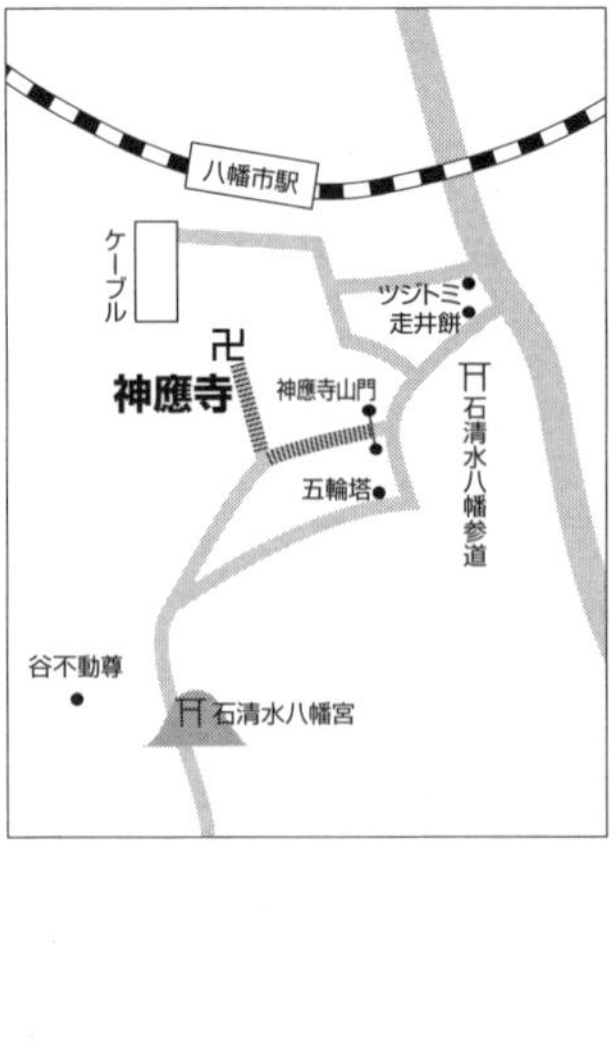

五代将軍綱吉の誕生

四代将軍徳川家綱《いえつな》の弟綱吉《つなよし》が結婚したのは寛文《かんぶん》四年（一六六四）九月。新婦は五摂家《ごせっけ》のひとり鷹司《たかつかさ》左大臣《さだいじん》教平《のりひら》の娘・信子《のぶこ》。綱吉十九歳、信子十三歳のときである。ところが、いつまで経っても二人の間に子が出来なかった。そこで綱吉の生母桂昌院《けいしょういん》（三代将軍家光《いえみつ》の側室）が、側室をもつようにと綱吉に勧めた。寛文十年（一六七〇）綱吉は生母のすすめるひとりの女性を側室にした。〈お伝《でん》の方《かた》〉（十三歳）である。このお伝の方が延宝《えんぽう》五年（一六七七）鶴姫《つるひめ》を生み、延宝七年（一六七九）に徳松を生んだ。

ところが、その翌年延宝八年（一六八〇）四代将軍徳川家綱が没して、後継ぎがいなかったために、突然家綱の弟綱吉に白羽の矢が立った。五代将軍徳川綱吉の誕生である。この決定を聞いて舞い上がったのは、綱吉の生母桂昌院と側室お伝の方である。

正室信子の苦悩

綱吉の生母桂昌院は、京の堀川通西藪町で八百屋を営む仁左衛門の娘。側室お伝の方も、父は小谷権兵衛という〈黒鍬者《くろくわもの》〉。戦場や城内で草履取りや荷物運搬などをする雑役《ざつえき》の人足である。

将軍の生母となった桂昌院は、このときから表向きの政治・人事にまで口出しをはじめたばかりか、一族・門葉《もんよう》に至るまでつぎつぎと差配《さはい》して取り立てられていき、名実ともに大奥の実権を握っていった。

お伝の方も〈世嗣《よつぎ》の生母〉を振りかざして、桂昌院同様に将軍綱吉を動かし、一族の者たちはみなつぎつぎと出世、ときには桂昌院以上に大奥で絶大な権力を振るいはじめていた。

この二人の動きを苦苦《にがにが》しく見詰めていたのが正室信子である。舞い上がって栄華を貪《むさぼ》る女たちから将軍の目を引き離すために、才色兼備《さいしょくけんび》で高貴な生まれの女性がほしいと、信子は姉（妹とも）の房子（霊元《れいげん》天皇の皇后）に相談した。このとき選ばれたのが常磐井《ときわい》こと右衛門佐《うえもんのすけ》である。

常磐井から右衛門佐へ

常磐井は名門水無瀬《みなせ》家の中納言兼俊《かねとし》の娘。はじめ後水尾天皇の後宮に仕えていたが、天皇崩御《ほうぎょ》（延宝八年・一六八〇）のために実家に戻ったところを、霊元天皇の皇后房子から呼び出されていた。この結果、常磐井は大奥からお伝の方の勢力を削《そ》ぎたいという熱い思いを託されて江戸に向かった。

江戸城に入った常磐井は、はじめ御台所《みだいどころ》付きとなって信子に和学を講じていたが、やがてその美貌《びぼう》と才智《さいち》は大奥の評判となり、女中たちの信望を集めていった。学問好きで知られた綱吉の目にも早速とまって、常磐井は御台所付きから〈将軍付上臈御年寄《じょうろうおとしより》〉となり、大奥女中の総支配となった。このとき賄料《まかないりょう》一千石を賜わり、〈右衛門佐《うえもんのすけ》〉と名を改めていた。

綱吉の生類憐みの令

将軍綱吉は才色兼備の右衛門佐局《つぼね》にたちまち心を奪われたようである。右衛門佐はさらにお伝の方に対抗するため、東山《ひがしやま》天皇に仕えていた清閑寺《せいかんじ》前大納言《さきのだいなごん》熙房《ひろふさ》の娘・大典侍《おおすけ》を京より迎えた。右衛門佐同様に、生来の美貌に加えて名門清閑寺家の姫である。綱吉晩年の愛妾《あいしょう》となったのはこの大典侍である。

神應寺の入り口山門。石清水八幡宮を開創した行教《ぎょうきょう》律師《りっし》創建の古刹。境内奥の杉山谷不動尊は霊験あらたかと評判のオ不動サン

一方のお伝の方は、せっかく生まれた徳松が天和《てんな》三年（一六八三）、わずか五歳で早世してしまったために、夢に描いた〈将軍の生母〉の地位は空しく消えた。正室信子は相変わらず子が生まれなかった。右衛門佐局は一度懐妊したが流産。大典侍にも子が出来なかった。結局、綱吉には後継ぎがいなかった。

「人に嗣子《しし》が出来ないのは前世《ぜんせ》での殺生《さっしょう》の報《むく》い。将軍は犬年生まれ故、犬を大事にするとよい。」僧・隆光《りゅうこう》の進言を受けて、綱吉が「生類憐《しょうるいあわれ》みの令」を発したのは、徳松の死から一、二年あとのことである。

神應寺の供養塔

右衛門佐が没したのは宝永三年（一七〇六）三月十一日。拝領していた賄料一千石と〈右衛門佐〉の名跡《みょうせき》を残すために、右衛門佐は部屋勤めをしていた侍女の聟《むこ》を養子に迎えて「桃井

家」を興し、この桃井家で没した右衛門佐は、桃井家の菩提寺・月桂寺《げっけいじ》（東京市谷）に葬られていた。法名・心光院古鑑貞円大姉。

また〈杉山谷《すぎやまだに》不《ふ》動尊《どうそん》〉で知られている八幡《やわた》の神應寺にも右衛門佐の供養塔が立てられていた。

当時、神應寺の十九代住職を務めていた廓翁鉤然《かくおうこうねん》和尚の許に、元禄十三年（一七〇〇）幕府から綱吉と信子着用の羽織を仕立て直して作られたという袈裟《けさ》三領が贈られている。（現存）。神應寺が元禄十三年（一七〇〇）常法幢地《じょうほうどうち》の寺格を与えられたのを記念して、綱吉夫妻から贈られたもので、廓翁鉤然和尚は右衛門佐が没すると、供養塔を建立して右衛門佐の供養を行なっていた。綱吉は右衛門佐の死から三年経った宝永六年（一七〇九）一月十日に没し、正室信子は後を追うように一ヵ月後の二月九日に没していた。

糸杉山神應寺の本堂

神應寺に贈られて来た５代将軍綱吉夫妻の羽織を仕立て直して作られた豪華な袈裟

狩野永徳と妙覚寺

織田信長に見出されて心血を注いだ安土城の障壁画も、豊臣秀吉に寵愛されて腕を振るった大坂城・聚楽第の絢爛豪華な障壁画の数々も、みな煙滅していき、桃山時代最高の絵師といわれた狩野永徳の画業は謎めいたまま。いま妙覚寺内で一族の者たちと眠っている。

狩野元信の墓Ⓐを中心に14基の墓塔が三方を囲む。永徳の墓Ⓑは元信の墓の後方墓列の右端にあり、正面に法名〈実相院殿日意法印永徳大居士〉と刻む

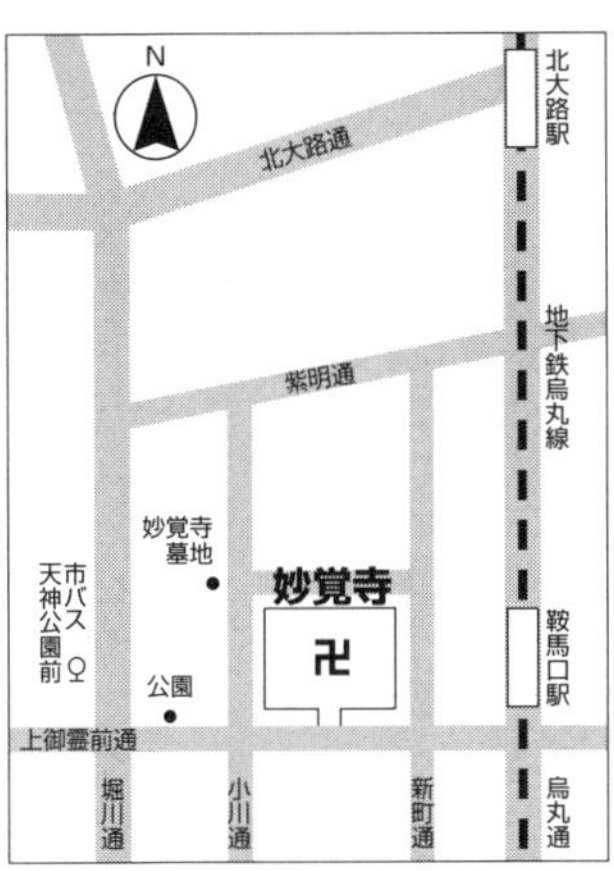

信長を魅了した永徳

永禄十一年(一五六八)九月、五万の大軍を率いて上洛して来た織田信長は、京中に跋扈《ばっこ》していた阿波《あわ》の三好三人衆《みよしさんにんしゅう》を逐《お》って治安を回復すると、ときおり町中を散策して回っていたようである。

そんなある日、信長は大徳寺の塔頭聚光院《じゅこういん》を訪れていた。聚光院は二年前の永禄九年(一五六六)に、三好義継《よしつぐ》が永禄六年(一五六三)に没した父三好長慶《ながよし》を供養するために建立した寺である。

このとき客殿に通された信長は襖《ふすま》に描かれていた襖絵を見て目を奪われた。描かれていたのは、二十四歳という若い絵師狩野永徳《かのうえいとく》が描いた墨画《ぼくが》「花鳥図」十六面、墨画淡彩《ぼくがたんさい》『琴棋書画《きんきしょが》図《ず》』八面である(両図とも現在国宝)。若さ溢れた豪快なタッチと力動感に、信長は永徳の絵にすっかり魅了《みりょう》されてしまったようである。

安土城を埋め尽す

天正二年(一五七四)六月、信長は越後《えちご》の上杉謙信《うえすぎけんしん》の歓心《かんしん》を買うために、永徳の描いた『洛《らく》中洛外図屏風《ちゅうらくがいずびょうぶ》』(現・上杉家蔵)を贈った。金雲《きんうん》を撒き散らした絢爛豪華《けんらんごうか》な屏風絵である。

そして天正四年(一五七六)、信長は居城安土城《あづちじょう》の築城を開始すると、城内の障壁画のすべてを永徳に一任した。永徳は一門を率いて安土城に入ると、内部七層といわれた天主《てんしゅ》をはじめ、

上御霊前通に面して立つ〈妙覚寺大門〉と呼ぶ入り口山門。寺伝によると、この門は聚楽第の裏門と伝えている

城内御殿の障壁画制作に没頭した。『信長公記《しんちょうこうき》』の「安土山御天主之次第」によると、天主に描かれていた絵は「三皇五帝《さんこうごてい》」「孔門十哲《こうもんじゅってつ》」「商山四皓《しょうざんしこう》」など、儒教的・仏教的な画題による金碧《きんぺき》障壁画のほかに、極彩色《ごくさいしょく》の華麗な花卉鳥獣画《かきちょうじゅうが》などが大胆な構図・筆致《ひっち》で描かれていたという。

歴代みな優れた絵師

狩野家を興した始祖狩野正信《まさのぶ》は足利幕府の御用絵師であった人物。いまも『布袋図《ほていず》』『山水図《さんすいず》』などの作品が残されており、その子元信《もとのぶ》にも『四季花鳥図』(大徳寺大仙院蔵)『瀟湘八景図《しょうしょうはっけいず》』(妙心寺東海庵蔵)など、多くの作品が残されていた。

この元信に祐雪《ゆうせつ》・乗信《じょうしん》・松栄《しょうえい》の三人の子がいて、祐雪・乗信は早世したため、三男の松栄が家業を継いで、『大涅槃図《だいねはんず》』(大徳寺)『瀟湘八景図』『遊猿図《ゆうえんず》』(大徳寺聚光院)などの傑作を描き残している。代々がみな優れた絵師である。

天明大火後に再建された妙覚寺祖師堂。堂内中央に日蓮・日朗・日像の三聖人・三菩薩の坐像が祀られている

この松栄の嫡男が、天文十二年（一五四三）に生まれた狩野永徳である。幼い頃から祖父元信の教えを受けて、画才を思い切りのばしたといわれている。

秀吉も永徳を寵愛

天正十年（一五八二）本能寺の変で、最大の庇護者《ひごしゃ》であった信長を失い、その上、永徳とその一門が心血を注いで描き上げた安土城内の障壁画のすべてを失っていた。

だが、信長に代って天下人となった豊臣秀吉もまた永徳を重用した。天正十一年（一五八三）には大坂城築城、天正十四年（一五八六）には聚楽第の築城と、安土城をはるかに超えた大規模で華麗な障壁画の制作が相ついでいた。天正十六年（一五八八）には、秀吉の生母大政所《おおまんどころ》なかの菩提所《ぼだいしょ》天瑞寺《てんずいじ》の障壁画制作も加わっていた。そのため永徳は、細筆を用いて細密な絵を描くどころか、もっぱら藁筆《わらふで》を用いて大作の制作に当たっていたといわれている。

こうした多忙な生活が永徳の健康を損《そこ》ねてしまったようである。天正十八年（一五九〇）九月十四日、御所の襖絵制作を一部残したまま四十八歳で急死してしまったのである。

一族と妙覚寺に眠る

狩野永徳は、いまも日蓮宗の由緒寺院の一つである具足山妙覚寺《ぐそくさんみょうかくじ》（上京区新町通鞍馬口下ル）の境外墓地で眠っている。

狩野家の始祖正信は永享《えいきょう》六年（一四三四）関東の伊豆《いず》で生まれ、のちに足利幕府の御用絵師となって活躍するが、熱心な法華信者《ほっけしんじゃ》であったようで、狩野家の菩提所《ぼだいしょ》を京の妙覚寺と決めていた。

永徳の墓は、この正信の嫡男で〈古法眼《こほうげん》〉と呼ばれた元信《もとのぶ》の墓を中心にして、三方をぐるり囲んだ一族の墓の中にあった。墓塔正面に法名を刻んだ、みな背丈《せたけ》も同じくした墓塔である。

だが、この中に著名な狩野探幽《たんゆう》（永徳の二男孝信《たかのぶ》の子）の墓はなかった。徳川幕府の御用絵師となった探幽は江戸に屋敷地を与えられ、没後は池上《いけがみ》の本門寺《ほんもんじ》（日蓮宗）に葬られていた。

岸駒と本禅寺

庭に咲く梅の老木をモデルにして襖絵に写し取ったところ、襖絵の梅に精気までも吸い取られてしまい、庭に咲く梅の老木は忽ちのうちに立ち枯れてしまったという。岸派の始祖岸駒はいまも一族に守られて本禅寺で眠っていた。

石欄を構えた岸駒(中央)と妻(左)、両親(右)の墓塔。いずれの墓塔も近年新造されたもので、周辺一帯には岸一族歴代の墓塔が並んでいる

岸駒の等身大の像を安置した〈岸駒堂〉の内部。須弥壇下、右手の矢印の墓塔は、岸駒埋葬時、長男岱《たい》が建立した墓塔で、正面に岸駒の法名が、裏面に岱が父岸駒の遺徳を顕彰して墓碑銘を刻んでいる。近年傷みが出始めたため新造され、旧墓塔は岸駒堂内に納めて保存されている

大酒飲みの画家岸駒

琵琶湖の北部にあって、秀吉ゆかりの城下町で知られる長浜の町に〈ごぼうさん〉の名で親しまれている真宗《しんしゅう》大谷《おおたに》派《は》の寺、長浜別院《べついん》大通寺《だいつうじ》がある。長浜切っての大寺である。

江戸時代も後半に入った天明五年（一七八五）、この寺では新装成ったばかりの新御座《しんござ》の間《ま》に、新しい襖《ふすま》絵《え》をと、当時新進気鋭の画家に、その制作を依頼した。

ところが、この画家、襖絵を描かねばならぬ部屋に籠もったまではよかったが、画筆を握るどころか、三日経っても五日経っても、朝から酒ばかりを飲んで、飲み疲れては部屋の中央に大の字になって寝ている始末。困った御仁《ごじん》じゃ、明日こそは小言《こごと》を言わねばと寺の者たちも愛想を尽かしはじめた七日目の朝のことである。

新御座の間を覗いた寺の者たちは目を疑った。襖全面に墨痕淋漓《ぼくこんりんり》、見事な梅の老木が描かれていたからで

ある。画筆を振るった新進気鋭の画家とは、当時三十歳の岸駒《きしこま》こと〈がんく〉である。

精気を吸い取った襖絵

岸駒《がんく》は宝暦《ほうれき》六年（一七五六）加賀金沢に住む佐伯《さえき》文右衛門の次男として生まれている。幼少の頃から画才に秀でていたようである。安永《あんえい》九年（一七八〇）二十五歳の年に上洛して、岸姓を名乗って一派を創出、本格的な絵画活動をはじめている。かなりの自信家でもあったようである。

だが、上洛して五年も経たぬうちに御所の障屏画《しょうへいが》を描き、親王家有栖川宮家《ありすがわのみやけ》の知遇を得て〈雅楽助《うたのすけ》〉の名を賜わるなど、新進気鋭にふさわしい目覚ましい活躍ぶりである。

岸駒が長浜御坊大通寺の新御座の間の襖に『老梅図《ろうばいず》』を描いたのは天明五年（一七八五）、上洛して五年目の年、三十歳という油の乗り切っていたときである。そのためか、岸駒が境内にあった梅の老木をモデルにして新御座の間の襖絵を描き上げたとき、襖絵の梅に精気を吸い取られて、モデルとなった境内の梅の老木は忽ちのうちに立ち枯れてしまったと、いまも言い伝えとなって大通寺に残されていた。

従五位下・越前守に叙任

岸駒には特定の師はいなかったといわれている。すべてが独学で、狩野派《かのうは》や円山応挙派《まるやまおうきょは》などの技法・特徴を学び取って、それらを折衷《せっちゅう》して自らの画風としたものだといわれているが、そ

河原町通と寺町通を結んだ白梅図子《しらうめずし》の通りに面して立つ本禅寺の北門

れ以上に、岸駒の絵には〈確かな描写力〉が横溢していて定評があった。

大通寺を終えた後も、御所の障屏画をはじめ、加賀藩前田家の金沢城の障壁画など、大作の制作が続き、その功績によって天保七年（一八三六）には〈蔵人所衆《くらうどどころのしゅう》〉に任じられ、〈従五位下・越前守《えちぜんのかみ》〉に叙《じょ》せられていた。

没したのは天保九年（一八三八）十二月五日、享年八十三歳。

幸いだったことに、岸駒には長男岱《たい》（雅号・卓堂《たくどう》）をはじめ、養子良《りょう》（乗鶴《じょうかく》）、養子徳《とく》（連山《れんざん》）など、子らがみな岸駒の画風を受け継ぎ、門人たちにも恵まれていたために、岸駒後も岸派は隆昌を極めていたといわれている。

本禅寺に眠る岸駒一族

岸駒は、大久保彦左衛門の菩提所として知られる上京区寺町通広小路上ルにある法華宗別院本山・光了山本禅寺の境内墓地で眠っている。

石欄《せきらん》を構えた墓所の中央に「同功院殿天開日観大居

岸駒の墓の周辺に整然と並ぶ長男岱以下の一族の墓塔

士」と法名を刻した岸駒の墓が、その左手に、嘉永元年（一八四八）八十七歳で没した岸駒の妻「成功院殿妙徳日心大姉」が、右手には岸駒の両親が一つの墓塔に法名を並べて眠っている。

この石欄を構えた三基の墓塔の周辺には、長男岱をはじめ養子・義子や、明治期に活躍した禄《ろく》（竹堂《ちくどう》）など一族の墓が、岸駒を敬慕するかのように多数並び、本堂の裏手には岸駒の遺徳を偲んで、岸駒の等身大の像を安置して「岸駒堂《がんくどう》」を建立、岸派の始祖岸駒を祀っていた。

黒川道祐と本隆寺

恵まれた家庭に育った黒川道祐。外祖父の推挙で広島藩浅野家の藩儒を務めるかたわら『芸備国郡志』『本朝医考』の大著を編纂、藩を辞して京に戻るや、『雍州府志』『日次紀事』と貴重な京都本を書き残していた。

五辻通に面して立つ本隆寺の南門。広い境内に立つ本堂・祖師堂は府指定文化財。境内の千代野井、夜泣止松は伝説で有名

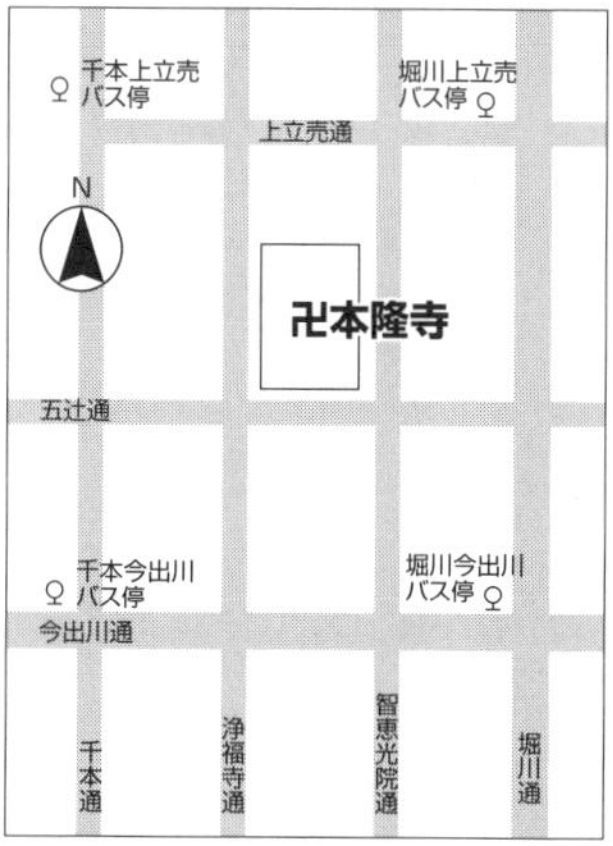

京都観光時代の幕開け

豊臣家を倒した徳川幕府も、四代将軍家綱《いえつな》の時代に入ると、殺伐とした戦国の風潮もすっかり消えて、平和に裏打ちされた文化繚乱《りょうらん》・安寧逸楽《あんねいいつらく》の時代が始まっていた。

そうした風潮に誘発されてか、明暦《めいれき》四年（一六五八）京の町に初の本格的な名所案内・物見《ものみ》遊山《ゆさん》のガイドブックが出現した。中川喜雲《きうん》の著した『京童《きょうわらべ》』である。内裏《だいり》から筆を起こし、洛中・洛外はもとより宇治・大原にまで足を運び、神社仏閣・名所旧蹟など八十七ヵ所の来歴を記したもので、文中に適宜《てきぎ》さし絵もあった。

この本に刺激されて、その後『京雀《きょうすずめ》』『京羽二重《きょうはぶたえ》』や『山城名勝志《やましろめいしょうし》』『山州名跡志《さんしゅうめいせきし》』『山城名跡巡行志《やましろめいせきじゅんこうし》』などが、つぎつぎと出版された。本格的な京都観光時代の幕開けである。

こうした案内書ブームの中にあって、さらに注目すべき異色の京都本が出現した。黒川道祐《くろかわどうゆう》が著した『雍州府志《ようしゅうふし》』と『日次紀事《ひなみきじ》』である。

『雍州府志』と『日次紀事』

『雍州府志』全十巻十冊が出版されたのは貞享《じょうきょう》三年（一六八六）九月。

類書はみな神社仏閣・名所旧蹟の記述に終始していたが、本書は特に巻六、七に「土産門《どさんもん》」の項を設けて、各地の特産を紹介、その由来や特徴などを詳述、ときには異説・異論までも紹介するなど、今日読んでも興味尽きない記事・情報に溢れていた。

「黒川道祐之墓」と刻まれた墓塔（矢印）。道祐の後、黒川家は各方面に枝葉を広げて活躍、維新後東京に移るが、いまも熱心な墓参りが続いている

一方の『日次紀事』全十二巻十二冊が出版されたのは貞享二年（一六八五）である。

この本は禁裏をはじめ、京中の神社・仏閣で行なわれている年中行事にスポットを当てて、一巻をひと月に宛て、その月に行なわれる節季《せっき》のこと、神事・法会《ほうえ》・開帳《かいちょう》・忌日《きじつ》・祭礼などを日付け順に列記し解説を加えたもので、きょうどこを訪ねれば、どのような行事に巡り合えるかといった、ダイアリー的な要素を合わせもった重宝な年中行事の案内書であった。

だが、この本は元禄十七年（一七〇四）三月二十日、公辺の忌諱《きい》に触れて奉行所より絶板（?）を命ぜられ、上賀茂社・貴布祢社《きぶね》・松尾社・吉田社の神事・祭礼や、禁中の祀事《まつりごと》などを記した全巻八十二カ所が墨を塗って消されていた。

この『日次紀事』は現在『新修京都叢書』（臨川《りんせん》書店刊）第四巻に収録されていて、『雍州府志』（同叢書第十巻収録）とともに、図書館などで閲覧が可能である。

広島藩浅野家の藩儒に

黒川道祐は元和九年（一六二三）京で生まれている。父は京の医家法眼《ほうげん》黒川光信《みつのぶ》、母は江戸初期の儒医《じゅい》で知られた堀《ほり》杏庵《きょうあん》の娘。幼い頃から林春斎《しゅんさい》に従《つ》いて儒学を学び、外祖父《がいそふ》堀杏庵から漢方医学を学んでいる。その関係で中国・日本の古典籍にも慣れ親しんでいたようで、長ずるに及んで杏庵の推挙で、広島藩の藩儒《はんじゅ》として藩主浅野光晟《みつあきら》に召し抱えられ、世子《せいし》綱《つな》晟《あきら》の侍読《じどく》（先生）を務めていた。

寛文《かんぶん》三年（一六六三）道祐四十歳のとき、藩命によって広島藩の領国安芸八郡と備後六郡を精査して『芸備国郡志《げいびこくぐんし》』（上下二巻）を編纂、この年また当時の日本の医家の出処と業績を調べて『本朝医考《ほんちょういこう》』全三巻を編纂、前者は十七世紀中葉の芸備国の詳細を知る上で、後者は日本医学史研究の嚆矢《こうし》といわれて、今日も高く評価されている画期的な本を書き残していた。

名著を残した黒川道祐

寛文三年（一六六三）『芸備国郡志』『本朝医考』を著した道祐は、その後広島藩を辞して京都に帰り、白雲《しらくも》村（現上京区新町通今出川上ル元新在家町付近）に移り住んでいる。そして毎年のように洛中・洛外を探訪・取材して歩き『雍州府志』『日次紀事』を編纂したばかりか、『北山三尾記』『大原野一覧』『太秦村行記』などの紀行文を数多く書き残し、晩年には京都ばかりか〈摂津河内〉〈大坂境〉〈丹波丹後若狭〉〈奈良吉野〉〈和歌浦〉など、道祐のフィールドワークは近畿一円に及んでいた。

没したのは元禄四年（一六九一）十一月四日、享年六十八歳。上京区智恵光院通五辻上ルにある法華宗真門流の総本山本隆寺《ほんりゅうじ》の境内墓地で、一族の者たちと肩を寄せ合って眠っている。

神沢貞幹と慈眼寺

六十三歳の年に〈全百巻〉という厖大な書物を編纂したが、天明八年（一七八八）の大火で大半を焼失。ところが、めげずに今度は〈全二百巻〉を改めて書き上げたのは八十二歳の年。恐るべき老人パワーである。

慈眼寺の本堂裏手にある境内墓地で神沢貞幹は眠っている。墓塔の側面に辞世の句を刻んだ風雅な杜口を偲んで、いまも香華《こうげ》を手向《たむ》けに来る人たちが続いている

町奉行所の与力は俳人

江戸時代の中頃、京都町奉行所《まちぶぎょうしょ》の与力《よりき》として勤務をしていた者に、神沢貞幹《かんざわていかん》なる人物がいた。もとは「入江」姓であったが、十一歳のときに神沢家に養子に入り、当時京都町奉行所の与力をしていた養父神沢弥十郎貞宜《さだのぶ》の後を継いで、のちに奉行所勤めをはじめ、与力職を継いでいた。

町奉行所内で貞幹がどのような仕事をしていたのかは不明である。だが、若い頃から当時流行の俳諧《はいかい》の道に溺《おぼ》れはじめたようで、〈其蜩庵杜口《そのひぐらしあんとこう》〉と号し、半時庵淡々《はんときあんたんたん》の門人となって、京中の俳人たちと広く交流していたようである。勤めの合い間に、友人と共に句集を編み、其蜩庵こと神沢貞幹も、享保《きょうほ》五年（一七二〇）十一歳の年に詠んだという

万歳《まんざい》の素襖着《すおうちゃく》すも都風《みやこふう》

の句を巻頭にして、天明《てんめい》三年（一七八三）七十四歳の年にいたる七百余の句を収めていた。かなり俳人としても活発に活動していたようである。だが、ここで取り上げるのは俳人其蜩庵杜口のことではない。

『翁草』全二百巻に再挑戦

神沢貞幹は六十三歳となった明和《めいわ》九年（一七七二）の年に、『翁草《おきなぐさ》』全百巻の編纂を終えている。『翁草』は、貞幹が見聞した諸書の中から、感銘を受けたり、興味をそそられた記事があると、そのまま全文を書き写したり、あまりにも長文の場合には抜粋《ばっすい》して収録したりと、その内容は

佐々成政の娘が非業の死を遂げた父成政の菩提を弔うために開いた慈眼寺。摂家鷹司家の庇護を受けた格式高い寺である

世事見聞録《せじけんぶんろく》の類《たぐ》いから、武家譚《ぶけたん》・奇事・珍事・逸話《いつわ》など、世事百般にわたっていた。

貞幹は全百巻の稿を書き終えると、さらに百巻ほど加えるべく懸命に筆を進めていた。ところが、天明八年（一七八八）正月の京都大火に遭遇して、出来上がっていた稿本の大半を焼失してしまうのである。このとき貞幹七十九歳。ところが、貞幹はめげることなく再び編纂に着手、改めて『翁草』全二百巻を完成させたのは、四年後の寛政《かんせい》三年（一七九一）八十二歳の年である。そしてさらに、『翁草』に続くものとして『塵《ちり》泥《ひじ》』五十巻をも書き終えていた。恐るべき老人パワーである。

実証に徹した編纂方針

貞幹は晩年耳が遠くなり、用事はすべて筆談だったという。

「天下将軍の事なども遠慮することなく、実証のままに誌《しる》し、高貴の事は遠慮し給うべしといえども、決して従ってはいけない。もし事実を録《ろく》して罪《つみ》を得《え》ば、八十老翁の白髪《しらが》首刎《くびはね》られても恨《うらみ》なし。」と、耳の遠い貞幹は常に声を大にして人に語っていたという。『翁草』編纂の基本姿勢である。

それに『翁草』は、貞幹が京都町奉行所の与力であった関係で、京都市中の様子を知る貴重な史料が数多く収録されていて、歴史家はもちろん、好事家はじめ筆者なども時折お世話になっている本である。

明治の文豪森鷗外《もりおうがい》も、本書百十七編に収録されていた流人《るにん》の話を題材にして『高瀬舟《たかせぶね》』を著した話は有名である。

辞世の句を刻んだ墓

『翁草』全二百巻を完成させた神沢貞幹は、四年後の寛政七年(一七九五)二月十一日、八十六歳で没し、上京の出水通七本松東入ルにある慈眼寺《じげんじ》(曹洞宗)に葬られていた。

慈眼寺は天正十六年(一五八八)豊臣秀吉の命で切腹を余儀なくされた佐々成政《さっさなりまさ》の菩提《ぼだい》を弔うため、当時摂家《せっけ》鷹司信房《たかつかさのぶふさ》の許に嫁《とつ》いでいた成政の娘(二女)が、尾張万松寺《おわりばんしょうじ》の開山大雲永瑞の許に弟子入りしていた成政の弟本祝宗源を招いて開いた寺で、貞幹は本堂裏手にある境内墓地で眠っていた。

墓塔正面に貞幹の法名「可可斎実道無参居士」と、妻の法名が並んで刻まれている。そして左側面には「神沢氏之墓」と刻して、二人の没年月日が、右側面には「辞世とは　すなはち迷ひ只《ただ》死なん　八十有六杜口其蜩」と、貞幹の辞世の句が刻まれていた。

赤穂浪士小野寺十内の妻丹の墓

元禄十五年十二月十四日、赤穂藩浅野家の浪士四十七人が江戸本所松阪町にある吉良邸に討ち入り、主君の仇を討つ事件があった。その翌年、京の本圀寺境内でひとりの女性が寂しく死んだ。浪士小野寺十内の妻である。

丹の墓。正面に〈梅心院妙薫日性信女〉の法名が、側面に〈播州赤穂住小野寺十内藤原秀和妻　灰方氏女丹　元禄十六年癸未六月十八日〉と刻む

松之廊下事件起こる

元禄十四年(一七〇一)三月十四日、江戸城松之廊下《まつのろうか》で、赤穂藩浅野内匠頭長矩《たくみのかみながのり》が突然高家《こうけ》筆頭の吉良上野介義央《きらこうずけのすけよしなか》に斬りつけて、即刻切腹・城地没収・御家断絶の厳しい沙汰《さた》が下されていた。

事件の知らせは、二度の早駕籠《はやかご》で赤穂に伝えられている。このとき早駕籠の使者は、いずれも京都の赤穂藩邸に立ち寄っている。

当時、京都の赤穂藩邸は現・下京区綾小路東洞院西入ルにあって、留守居を務めていたのは浅野家譜代《ふだい》の家臣小野寺十内《じゅうない》である。知行百五十石、別に役料として七十石。

十内は藩邸での藩務のかたわら、儒学者伊藤仁斎《じんさい》に古学《こがく》を学び、丹《たん》夫人とともに金勝慶安《きんしょうけいあん》に師事して和歌を詠むなど、夫婦ともどもかなり教養高い人物であったようである。

江戸の事変を知った十内は、すぐさま藩邸の始末に取りかかり、あらかたの整理を済ませると、お家一大事と、自宅(下京区仏光寺通東洞院西入ル)に妻丹を残したまま赤穂へ駆けつけていた。

夫人残して江戸へ出立

京に残された丹夫人は、年老いた十内の母とともに、自宅で事件の推移を見守っていた。十内と丹の間に子がなかった。そのため十内は甥《おい》の大高源五《おおたかげんご》の弟幸右衛門を養子に迎えていたが、幸右衛門も大高源五も、いまひとりの甥岡野金右衛門も浅野家に仕えていて赤穂にいた。それ

旧了覚院の跡地、柵門の入り口に〈赤穂義士小野寺十内妻烈婦丹之墓〉と刻まれた石柱が立ち、現在は旧本圀寺塔頭林昌院が管理をしている

に丹の兄灰方藤兵衛《はいかたとうべい》も藩の武具奉行を務めて赤穂にいた。

だが、御家断絶・城地没収によって家臣たちはみな知行を失い、浪人となって散っていった。そうした中、十内は家老大石内蔵助良雄《くらのすけよしお》を扶けて、ひそかに主君の恥辱《ちじょく》をそそごうと結束した。

そして大石良雄の山科《やましな》移住とともに京に戻って来た十内は、翌元禄十五年（一七〇二）九月に年老いた母を失っている。だが、十内は葬儀を済ませると、四十九日を待たず、後事を妻丹に託して、大石良雄とともに江戸に向かって出立《しゅったつ》した。

討ち入り、そして切腹

その年元禄十五年（一七〇二）十二月十四日の夜半、大石良雄ら赤穂藩浅野家の浪士四十七名が、江戸本所松阪町《ほんじょまつざかちょう》にある吉良邸に討ち入って、主君浅野内匠頭長矩の仇《あだ》を討った。

このとき、表門から大石良雄を中心に二十三名が、裏門からは大石主税《ちから》（良雄の子）を中心に二十四名が討ち入っている。

十内は、大石主税を扶けて裏門に回っていたが、養子の幸右衛門や甥の大高源五、岡野金右衛門は表門から攻め入っていた。

吉良を討った一行は、高輪《たかなわ》の泉岳寺《せんがくじ》に引き揚げて、主君の墓前に吉良の首を供えたあと、その日の夕刻、肥後熊本《ひごくまもと》藩細川家・伊予《いよ》松山藩松平（久松）家・長門長府《ながとちょうふ》藩毛利家・三河《みかわ》岡崎藩水野家の四家に分けられ、預けられていった。

そして年の明けた元禄十六年（一七〇三）二月四日、浪士たちは幕命によって、預け先の家々でそれぞれ切腹、泉岳寺に葬られていた。

後を追った十内の妻丹

京に残された十内の妻丹は、切腹の知らせを受けると、十内の母の菩提所西方寺《さいほうじ》（左京区東大路通二条下ル）で法要を営み、四十九日には、十内（刃以串剣信士）・幸右衛門（刃風颯剣信士）・岡野金右衛門（刃回逸剣信士）・大高源五（刃無一剣信士）の、四人の戒名《かいみょう》を刻んだ墓塔（現存）を建立して丁重に法要を営んでいた。（毎年十二月十四日のみ公開）

だが、母に続いて夫や一族の者たちを一度に失い、寂しさに耐え切れなかったようである。それに加えて、藩の武具奉行を務めていた丹の兄灰方藤兵衛が、一旦は義挙に参加を約束しておきながら途中で脱落したことを、丹は深く恥入っていた。

生きる目処《めど》を失ってしまったようである。その年六月十八日、丹は日蓮宗の本山本圀寺《ほんこくじ》の塔《たっ》頭《ちゅう》了覚院《りょうかくいん》の境内で、夫十内の後を追って、自らの手で静かに命を絶っていた。

丹はいま、下京区岩上通五条上ルにある旧本圀寺の塔頭久成院《くじょういん》の北隣りにある住宅街（旧了覚院跡地）の一角で、ひっそりと眠っている。

前巻収録内容

戦国武将編

秀吉とその一族編

京の事件簿編

本書は『朝日新聞』（京都版）に、毎月一日折り込み配布された情報誌『ほーむめいどあさひ』（同編集室編）の紙上に、一九九九年四月創刊号より二〇〇八年八月終刊号に至る間、連載を続けた「京の町に史実を追って」の中から、その一部を再録しました。

■著者略歴

津田　三郎（つだ　さぶろう）
1933年（昭和８年）東京に生まれる。中央大学経済学部卒業。新聞記者、雑誌編集記者を経て、作家。小説「雑兵物語」で第１回1000ドル賞を受賞。

著書『考証　切支丹が来た島』（現代書館）
『家康誅殺』（光風社出版）
『秀吉の悲劇』（PHP 文庫）
『北政所』（中公新書）
『秀吉英雄伝説の謎』（中公文庫）
『太閤秀吉の秘仏伝説』（洋泉社）
『秀吉の京をゆく』（淡交社）
などがある。

続・京都戦国武将の寺をゆく

2009年４月10日発行

著　者／津　田　三　郎
発行者／岩　根　順　子
発行所／サンライズ出版株式会社
〒522-0004 滋賀県彦根市鳥居本町655-1
TEL 0749-22-0627　FAX 0749-23-7720

印刷・製本／P-NET 信州

ISBN978-4-88325-382-1

定価はカバーに表示しております。